# 一個女生走看巴爾幹

## 馬其頓　科索沃　阿爾巴尼亞

劉怡君 著

# 推薦序——獻給走在無徑之道的人們

我與她初步訂下約定，在天際尚漆黑的清晨五時三十分，於馬其頓境內鄰近秀麗湖畔的歐荷鎮中一隅會合。

我很是著急，雖然終於甩開阻擋去路的野狗群，但已經過了約定的時間。巴士很快就會來了！她怎麼可能會等待昨日偶然遇見、不知其所以然的日本男子呢？不！冷靜地思考，她也許根本不會至約定的地點。因為，我們預計結伴前往的目的地是位於幽密偏僻山上的修道院，不確定是否有道路可通達。而且，我們甚至未留下彼此的聯繫方式，只互相知道對方的名字和國籍。一般而言，重新考慮後就會爽約了，反正只是在旅途中的相遇，以後也不會再見面了！她即使未履約，我也不能責怪她，畢竟，提出邀約的我，已經遲到了！

我就帶著半放棄的態度，在黑暗途中奔馳。當抵達約定的地方，她依然在那裡等候！她以誠摯地姿態，向臉色慘青、上氣不接下氣的我，詢問是否無恙，不僅未責怪遲到的我，甚至毫不懷疑我會前來。我向她說明遲到的理由，也為自己腦海裡，曾一瞬間帶著責任轉嫁的想法感到羞愧。我懷著難為情，與她一同移步至巴士站。不久巴士抵達，我們趕上了！我安了心，步入巴士，坐到座位上後，我才總算緩過氣恢復正常。然後，我一邊凝視黑魆魆的窗外，一邊思緒飄忽遊走：在未來的旅途中，我將貫徹全力協助她。若她未與我結伴同遊，我將放棄前往所嚮往的景點，她名副其實是這趟旅程的主角。雖然誇大，不過，她對我而言，説不定是「幸運的女神」……

這本書《一個女生走看巴爾幹》就是「她」，也就是劉怡君，所書寫遊走巴爾幹半島地區的旅行記錄。上面的插曲只不過是（從我視野來描繪）的一小部分旅程。對我而言，與她的萍水相逢成為一生中難以忘懷的回憶。然而，這不僅僅是旅途中一次有限的相遇，我們是相當意氣相投地，此後也定期持續聯絡。我曾參訪過臺灣兩次，她也常常從世界各地的旅行中寄送明信片，如同她本人般機智豐富的筆鋒，與其敏鋭的洞察力，述説當地有趣的遭遇和奇妙的體驗，屢屢讓人露齒一笑。更重要的是，不得不暗暗地讚嘆她總是享受與「一般休假」稍微不同的旅程。在怡君許多獨特的旅行中，本書特別整理收錄巴爾幹半島之旅，呈現給廣大的讀者，雖然我只是短暫陪同的旅伴，對我而言，依然相當喜出望外地。此外，還有更多的理由説明，我與她不僅僅只是共享一部分旅程而已。

遇到她的當時，我已年約過三十，冀求成為研究人員但幾經波折，為了掙取生活費而被額外的工作所追迫，也厭煩撰寫重要的博士論文，我一直未能看見未來的展望。我前往戰火傷痕尚鮮明的巴爾幹半島旅行，除了來自對於此區早有的憧憬與關注，也有著想從每天那樣的閉塞感逃跑之心情。那樣的時候，偶然機緣遇到本書的作者，感受其人品、才智、無上的勇氣和行動力，對我來説，成為了心理的突破口。她進入了大學的管理學院後，改變專業，轉至不實用的歷史系（不好意思！），又辭掉工作隻身遠渡英國，努力學習修讀碩士。雖然在山道一小處的「岩壁攀登」，她極度驚恐，這樣的她卻一人前往政情不穩定的科索沃。還有，我們聊到她的故鄉，臺灣的事……。我們眼眺望著馬其頓廣大的平原，兩人前後並排，邁步在被岩石和草包圍的小山道，閒話家常的聊天，她的輕鬆自在令我感動地胸中迴響不已。

作者對我説：如果這個書能獲得十位讀者可是奇蹟。本書是出版界非主流的著作，但是，我相信此書一定可以回報編輯和出版社「英明的決斷」，因為如同作者這樣，想要遊走參訪地球上未知土地、獲得多樣體驗、遇到形形色色人物、廣泛深遠地探索這個世界的人絕對不在少數。更重要的是，她的悠然自得可鼓舞其他人，結束旅行返回日本的我，重新著手執筆博士論文，以三年時間完成，取得博士學位，找到工作，成為在大學任職的社會學家。

當然抵達「目的地」並不是結束，從那裡將另外開啟新的旅程，只要追尋自己的道路，在黑暗迷茫摸索中也會持續前進。正因為如此，現在也時常想起與她的旅程，她所譯解的馬其頓語「popoleka」，這個意味「慢慢地」一詞，成為了我們朝向山上修道院路途中的口號，當行走的道上似乎未見路徑，不著急，慢慢地。我覺得作者甚至未意識到，這本書是脫離人生固定渠道外的小小彎路。她的旅程軌跡肯定會溫和地鼓勵，這些任何試圖慢慢地走自己路的人們！

2016年於熊本大學研究室<br>副教授　多田光宏

CONTENTS 目錄

CONTENTS 目錄

# 巴爾幹行前雜錄

為什麼要選擇前往巴爾幹半島走一遭呢？每個人幾乎都問我這個問題，規劃前往巴爾幹時，並沒有特定的想法，只是想為倫敦求學生涯舉辦一個獨自的畢業旅行。可是為何選擇巴爾幹呢？

首先，先說說官方說法：我的畢業論文是從後殖民主義觀點切入，看待十九世紀英國旅遊作家在中國的所見所聞，當時，旅行是中上層貴族階級的潮流，而其中探險的性質又遠大於以休閒為目的，旅行家（travellers）往往和探險家（explorers）的定義有某種程度重疊。當時英國皇家地理學會（Royal Geographical Society）支助旅行家對未知的地理空間探索，出版大量的旅記、探險日誌等，紀錄「他者」的風俗、地理種種，這些所謂親身經歷異地文化的「客觀」、「科學」描述，促使家鄉讀者（readers at home）形塑異地的想像（exotic imagination）。這些大量的旅行記錄是否真如其旅行者所言翔實紀錄所見所聞，猶待可考，因為他們已經不自覺主觀地挑選特定素材作為描繪對象，例如將中國殺嬰、裹小腳等現象刻版印象普遍化（generalise）。薩伊德的經典之作《東方主義》（Orientalism）就使用大量的遊記題材直指西方如何將「東方」貶低且附屬於西方。

這些有趣的十九世紀英人遊記作為我研究文本，其中，尤以Isabella Bird女性旅人最令人印象深刻。將十九世紀的交通、衛生環境和排外情緒等納入考量，獨身英國女性在十九世紀末遊歷中國長江流域、日本、土耳其、美國等國家，是一件高難度的奇事，遑論在高度排外情緒的中國，她有時還必須面對危急生命的暴民騷擾。如果十九世紀末的Bird能夠獨身旅行，沒有道理在二十一世紀的女性不能獨自遊走於非主流旅遊國度。

然而歸根就底，走向巴爾幹是因我內心不安與反叛的基因潛藏欲動。一名在英的臺灣友人（男性）在科索沃獨立後三天，剛好在當地訪問，回英後，想當然爾大談其在科索沃的所見所聞。倫敦雖然刺殺案節節攀升，強暴案屢出不窮，但比其科索沃在國際新聞的種族屠殺、戰亂的報導，大小巫之別顯而立見。

「你是乘坐飛機直達科索沃嗎？」我隨口問問。

「一個女生去那邊不安全。」他懷疑我詢問的企圖，所以沒有正面回答我的問題，但正面劃分「單身」、「女性」的界線，間接告訴我世界是由哪個性別、階層、國家主導定義「安全」。

他的回答激起我前往科索沃的衝動，而這股衝動促使我訂下前往巴爾幹作為我的畢業行！

# 第1關

## 變化＞計畫

・右方是巴塞隆納人Alex，左方則是馬其頓人Nicola

我坐在私人奧迪轎車後座右側，左側旁坐著嘵嘵不停的西班牙人，年紀約莫四十歲的馬其頓人則掌握著方向盤，車子一路飛馳前往馬其頓首都史高比耶（Skopje）。伴隨著他們兩人的談論，我的眼皮漸漸沉重，窩在坐椅上不由自主地打瞌睡，腦中還莫名想著：這一切究竟是怎樣發生的呢？

事前行程規劃、交通安排、住宿訂房是自助旅行者必備的功課，即使我很想按照章法執行，但計畫永遠趕不上變化，變化的速度又以希臘人為箇中翹楚，前十秒我還在希臘第二大城薩洛尼卡（Thessaloniki）火車站排隊購買前往馬其頓首都史高比耶的火車票，不料短短十秒後，人群剎那間一哄而散，留下幾個不知所以然，面露蠢貌的國外旅客，其中又以以手持著Bradt[1]出版的馬其頓旅遊手冊，顯然高度政治不正確[2]的我，呆滯樣最為甚。

「你要前往馬其頓嗎？」一名操著濃厚南歐英語口音，年約二十來歲捲毛歐洲年輕人趨向我。

等不及我的回答，他又指著我的旅遊書問：「現在有前往史高比耶的巴士嗎？」

「我不這麼認為。」我直接遞給他旅遊書讓他查閱，順便詢問：「火車發生什麼事了嗎？」

「罷工！去吃屎吧！」他直截了當的表達不滿。

他是Alex，來自於西班牙巴塞隆納的加泰隆尼亞人（Catalan）[3]，有著捲彎的暗褐色頭髮，一雙急切的圓眼，乍看似狐狸與猴子的綜合體，一張典型的西班牙大嘴巴，喋喋不休，沒完沒了，永遠沒有頓點，彷彿嘴巴已取代鼻子呼吸的功用，規律地一張一闔，一呼一吸，到最後我眼中只看到舌根攪動，

---

1 Bradt是英國著名旅遊出版品，其品質遠較寂寞星球（Lonely Planet）佳，舉例來說：寂寞星球以一本小冊西巴爾幹（Western Balkans）涵蓋塞爾維亞、馬其頓、蒙地內哥羅等國家，Bradt卻每個國家都出單行本，甚至科索沃獨立一冊。此外Bradt還有全世界唯一的北韓旅遊手冊！

2 希臘與馬其頓有長期的政治、文化認同等糾紛，詳見第三關，大多數的希臘人不喜其周遭非歐盟國家。

3 西班牙內部有三股獨立聲浪：加泰隆尼亞（Catalonia）、巴斯克地區（The Basque Country）、加利西亞（Galicia）。巴塞隆納位於加泰隆尼亞，有自己的語言，長年爭取自治獨立。因內部分離紛爭，西班牙政府對外亦全力反對任何獨立分離運動，所以至今尚未承認科索沃建國。

他的面目已經漸漸邊緣模糊化。巧合的是，Alex與我同樣也在倫敦修讀歷史，但他主攻拜占庭史，此行他的目的是前往馬其頓拜訪精通拜占庭史的網友Nicola，然後再回希臘學語文。

在車站還有Alex的奧地利朋友Benjamin，於希臘工作一陣子，通曉希臘語，專程至機場接機，並護送Alex到車站。我與Alex有共同的目標，就是前往馬其頓，既然火車站罷工，我們就由Benjamin協助，詢問車站對面私人經營旅行社、客運公司是否有前往馬其頓的交通工具，不過徒勞無功，當天沒有任何大眾交通工具開往史高比耶。最後我們三人坐在車站對面的小餐館，吃著希臘風格的起司派，討論可能的解決方式。

方案一：在希臘薩洛尼卡留宿一晚，Alex可住在Benjamin房間，我可借住Benjamin朋友的房間或找旅館留宿。

方案二：Alex和我合包計程車至史高比耶。

「你有什麼想法呢？」Alex問我。

對我來說，負擔薩洛尼卡住宿費和負擔計程車交通費，兩者所費相去不遠，且顯然車站罷工是沒有時刻表，作困薩洛尼卡勢必打亂往後的行程，方案二是金錢與時間上省約的方式，前提是Alex必須和我共同分擔計程車費用。

Alex沒有給我正面的答覆，可是也沒有拒絕，他只是嘴中不間歇地喃念，抱怨希臘的混亂與缺乏秩序，Alex強烈地深陷異地恐慌被害妄想症，我著實不懂坐在沒有半個人的小餐館裡，他是如何「洞見」希臘的不安全性。最後，他總算下定決心和我一起負擔計程車費用。但在挑選計程車時，他開始挑剔。

「喔！不！他看起來像阿爾巴尼亞人！[4]」，接著，Alex又恐慌地評論下一

---

[4] 歐洲或美國對於阿爾巴尼亞人的刻板印象是危險且不可信任，例如電影《即刻救援》（*Taken*）地表最強老爸所對付綁票女兒的壞蛋即來自阿爾巴尼亞。

個司機：「不！不！不！這一個看起來不是好人！」放眼所及，不是乾扁瘦黑貌似阿爾巴尼亞人，就是圓肚禿頂奸巧貌。依照他的標準，我建議直接拜訪好萊塢片場找斯巴達四百壯士希臘肌肉男充當計程車司機還較有效率。

在Alex一連串否定計程車司機時，Benjamin突地指著路邊一台銀白色奧迪轎車，驚喜地說：「你們瞧！這輛車來自史高比耶！」，它的車牌標誌是「SK-××××」。Benjamin建議我們可以詢問車主，也許車主今晚會回史高比耶，就可以順道載我和Alex一程。

這就是為什麼我的巴爾幹之旅一開始是搭乘私人汽車跨越希臘、馬其頓的邊界。途中，馬其頓車主頻頻邀請我們去他家作客，而且還要求我寫下他們全家人的中文名字，甚至打電話至我預定的旅社確認安全舒適與否，而Alex則不斷和他爭論巴爾幹半島政治情勢。我因前一晚夜宿機場，搭乘清晨班機至希臘，身體疲累，不堪負荷，車上，我漸漸進入酣眠。

旅行永遠不會如同你想像般的行走，當我們順利過了希臘海關邊界時，馬其頓車主突然將車子停下，開口要求一人支付五十歐元，Alex和我面面相覷，我倆恰恰卡在希臘、馬其頓交界。在電影《三不管地帶》（*No Man's Land*），誤觸地雷的倒楣大兵就在無人營救下被留在兩交戰國邊界，我可不想和一名聒噪的西班牙人留在這鳥不生蛋的三不管地帶。Alex身上沒有五十歐元現金，我只好從我牛仔褲內側暗袋掏出一百歐元墊付。事實上，一人五十歐元從希臘至馬其頓的價碼是合理，甚至偏低，只是當受到熱情邀約後，馬其頓駕駛挑在進退不得的邊境，突然要求我們付款，有種被誆騙的情緒，進入馬其頓國度的雀躍感瞬間被澆熄。

總算順利到達馬其頓史高比耶火車站，卸下行李，和Alex的馬其頓朋友Nicola會合，他幫Alex訂的旅社剛好跟我預定的是同一家，他帶我們先去旅社置放行李，再一同吃晚餐，Alex為了表達對「單身亞洲女性」的關心，邀請＋強迫我和他們同遊史高比耶，Alex希望未來三天我與他們同行，由他支付我的交通費和飲食費等折抵積欠我的五十歐元。基於旅遊喜於嘗試各種可能性，我不反對他的提議。

就這樣，我的馬其頓之旅，在未來三天，多了Alex和Nicola同伴。

# 第 2 關

# 史高比耶宗教古蹟遊

一早，Alex發現他要送給Nicola的禮物路易十四像[1]海報，遺留在我們搭乘的私人汽車後車廂，他不檢討自己的健忘疏失，卻懷疑司機故意私吞，嚷嚷了一整天。我跟Nicola兩人面面相覷，只好有意識地忽略Alex的不斷抱怨。

在Nicola的安排下，我們前往聖潘提雷蒙教堂（Pantelejmon Monastery），位於史高比耶近郊的沃德諾山（Mt. Vodno）半山腰，離市中心大約二十分鐘車程，是俯瞰瓦達山谷（Vardar Valley）的絕佳景點。我們先在聖潘提雷蒙教堂旁餐廳享受馬其頓早餐：酥皮夾園鮮濃的起司酥奶（burek），菜單上的soy milk並不是豆漿，而是臺灣所稱的優格，外加一杯檸檬汁，一邊瞰視史高比耶城

---

[1] 由亞森特・里戈（Hyacinthe Rigaud）所繪製的畫像，顯示出太陽王路易十四精心塑造的統治者形象：假髮、踩高跟鞋與披著華麗的袍子等。此經典畫像是許多歷史癖的愛好收藏。

・聖潘提雷蒙教堂

市。餐畢，等了半小時，持著教堂鑰匙的人員才匆匆跑來開門。在巴爾幹地區，外地旅客不如其他歐洲國家繁多，所以一些所謂的「觀光景點」時刻表並不可靠，更多時候，是沒有時刻表。如欲前往遊覽，請隨時保持愉快的心情等候。

聖潘提雷蒙教堂建造於1164年，以其內部的壁畫最為著名：基督哀慟像和聖母昇天圖。早期聖像不允許表達「人」的情感，但此處壁畫突破常規，描繪聖母瑪利亞懷抱耶穌，面露悲慟哀傷，淚珠在眼眶打轉，情摯真切，展現真實情感。為了保存壁畫，教堂內禁止拍照，不過因為Alex不斷拍照，住持人員從監視器觀測後，怒氣沖沖地衝進教堂，將我們三人驅逐出院……

坐計程車，回到市區，開始造訪馬其頓首都史高比耶城市。來到巴爾幹，可以啥事都不知，純純粹粹漫步，享受當代的風情時光，旅行可以是無負擔的個人興致遊走，一點都不妨礙旅行的趣味。但也可以試圖理解這些國家、這座城市的過去，也許能夠更加體悟為何巴爾幹當地行人的臉色線條緊繃，對外人的疑慮大過於好奇，猜疑其拜訪目的，他們不認為會有人來此地就只是旅遊，對他們而言，旅遊不是振興當地的產業，而是消費他們的歷史。他們經歷許多，也太多，他們並不好奇其他國家的故事，因為他們本身就有說不完的曾經。

我們該如何理解馬其頓共和國的曾經呢？它是不斷被占領的過程。將歷史卷軸展開，巴爾幹地區曾歸屬於羅馬帝國，當帝國分裂後，以君士坦丁堡為中心的拜占庭帝國取得東半部（包含馬其頓）的領導地位，但移入巴爾幹的斯拉夫人建立王國後，馬其頓地區不斷江山易主，淪為拜占庭、保加利亞王國、塞爾維亞王國爭相奪取的要塞，唯一不變的是東正教始終為不可或缺的信仰力量。直到信奉伊斯蘭教的鄂圖曼土耳其來了，土耳其的占領一年又一年，十年再十年，五百年過去了，有人陸續反抗土耳其，爭取獨立自治，有人因各種理由與土耳其合作，有人持續皈依東正教，亦有人改奉伊斯蘭教。於是，分裂的種子悄悄埋下了。

十九世紀降臨，維持老樣的土耳其比不上經過改革的歐洲近鄰，列強對尚在土耳其統馭下的歐洲領土虎視眈眈，馬其頓成為俎上之肉[2]，二十世紀初，經歷兩次巴爾幹戰爭，馬其頓地區終被希臘、塞爾維亞、保加利利亞所瓜分[3]，「馬其頓問題」在各國利益考量下，不斷犧牲其民族建國獨立聲浪，二次世界大戰結束後，馬其頓實質受共產黨南斯拉夫聯邦共和國管轄，在狄托（Josip Broz Tito）的掌控下，走向一黨專政路線，1990年代，當民主浪潮席捲東歐，南斯拉夫聯邦下的國家紛紛要求獨立，南斯拉夫多派兵制止，引發內戰不斷。相較其他國家騷動不安，馬其頓幸運地和平脫離南斯拉夫，宣布獨立。

---

[2] 1878年俄土戰爭，簽訂《聖斯特法諾條約》（Treaty of San Stefano），戰勝的俄國要求土耳其將馬其頓割讓予保加利亞，歐洲列強擔心俄國過度擴張，同年，德國首相俾斯麥促成柏林會議，協定將馬其頓歸還鄂圖曼土耳其。

[3] 1912年第一次巴爾幹戰爭，塞爾維亞、蒙地內哥羅、保加利亞、希臘對土耳其宣戰，馬其頓不但淪為戰場，戰爭結束後，也遭塞國、希臘、保國協議瓜分。然而，因保加利亞認為瓜分馬其頓利益不均，轉而攻打塞國與希臘，爆發1913年第二次巴爾幹戰爭，保加利亞大敗，塞爾維亞獲得大部分馬其頓土地。

・分隔南北兩岸的石橋

瓦達河（Vardar River）橫跨馬其頓，穿越首都，將史高比耶劃分北部伊斯蘭教與南方東正教地區，政經中心集中在南岸，聚集政府機構、商店百貨等；北岸充斥古老土耳其風情，保留土耳其市集與殘留堡壘的遺跡。南北兩岸以石橋（Stone Bridge）連結，該橋的基石最早可推回十五世紀，歷經多次的改建，見證馬其頓改朝換代、革命流血的歷史時刻：1689年，庫馬諾沃之王（King of Kumanovo）在橋上由土耳其人執行死刑[4]；1903年，馬其頓民族革命領導者哥采代爾切夫（Goce Delčev）被鄂圖曼土耳其斬首[5]，項首被置放於此橋以示眾人；2001年，馬其頓斯拉夫族群（東正教）和阿爾巴尼亞族群（伊斯蘭教）紛爭暴動[6]，石橋嚴重遭破壞。現今，石橋依舊在，實質連結南北岸，也象徵南北兩岸的族群宗教難解的紛爭。

---

4 哈布斯保王朝於1689年組織軍隊抵抗鄂圖曼土耳其，卡爾波什（Karposh）與一幫非法之徒響應號召，起初攻下庫馬諾沃（Kumanovo），故被封為「庫馬諾沃之王」（King of Kumanovo），但最後被鄂圖曼土耳其包圍，包含卡爾波什共二百人陳屍於石橋。

5 1878年柏林會議後，播下馬其頓民族獨立運動種子，其中代表人物之一為哥采代爾切夫，但為鄂圖曼土耳其鎮壓。

6 馬其頓族群問題詳見第三關，此次紛爭在於阿爾巴尼亞族群抗議其在政治的代表權不足，遭受族群歧視。

・聖救世主修道院，因大部分教堂於地底下，外觀不甚起眼

聖救世主修道院（Monastery of Sveti Spas）是史高比耶市中心僅存的修道院。在鄂圖曼土耳其時代，規定教堂不可高於清真寺，為了容納鐘塔原本的高度，聖救世主修道院往地面下重新建造，所以大部分的教堂傍附在地底裡。東正教的宗教藝術特色是教堂內部的聖幛（iconostasis）——繪有聖像及宗教繪畫的屏幛，作為分隔教堂正殿與內殿之用。此處的聖幛取材胡桃樹，雕琢新舊約聖經故事，同時反映馬其頓的傳統民間文化，例如穿著馬其頓傳統衣著的基督門徒。此處導覽員非常可親，即使她不通英文，但打開聖幛內部供我們參觀，雖然無啥可觀。聖救世主修道院旁有對抗土耳其而在石橋上被斬首的哥采代爾切夫紀念館，收容這位馬其頓民族英雄殘餘骨灰，然缺少英文說明，是否有所啟發在個人的領悟力。

而後我們轉往史高比耶城市博物館（City Museum of Skopje），博物館原址是火車站，崩塌於1963年大地震，現址保留大廳時鐘大地震發生時刻05:17，博物館內部陳設史高比耶挖掘出考古文物。最後我們走回南岸，經過政府行政機關特區，參觀今天最後景點：歐荷的聖克萊門特大教堂（Cathedral of Sv Clement of Ohrid），因其四角圓頂設計，常常被誤認為是清真寺！事實上，這是當代二十世紀教堂。

· ①歐荷的聖克萊門特大教堂，為指標性建築，是史高比耶居民約會見面地點
· ②史高比耶城市博物館，指針仍停留在1963年大地震時刻

晚上十點多我們回到旅館，旅館已經有數封給Alex的留言，原來昨天載我們一程的馬其頓人在後車廂發現路易十四海報，留言明早會將海報送到旅館！Alex一整天的喃喃懷疑簡直是無事生端。常理而言，Alex不是合宜的旅伴，愛抱怨又自我中心，但這數天，我依然興味盎然地與他為伴，因為旅行對我而言，不只是瀏覽一個個景點，還有將自己置身於陌生的人事物，好奇那一切的不可知！

‧德蕾莎修女紀念館的設計圖

# 種族？宗教？國籍？認同？

德蕾莎修女（Mother Teresa）以其救助印度貧民病患形象廣為人所知，但臺灣很少人知道德蕾莎修女是出生於馬其頓首都史高比耶，其家庭是阿爾巴尼亞裔少數的天主教徒。她總是將認同連結回其馬其頓的家鄉，曾說：「如果沒有史高比耶，我不會存在，我是來自史高比耶的女孩。」雖然德雷莎修女是阿爾巴尼亞裔，但其基督教信仰與獲得諾貝爾獎的國際知名度，馬其頓人對其十分推崇，她的出生地靠近石橋，故居早已被拆撤，現今在地面上標誌四個角註明是德蕾莎修女出生地。政府計畫成立德蕾莎修女紀念館，天主教風格不強烈，倒是融合清真寺圓頂設計[1]。

我、Alex與Nicola三人再次往北岸走去，來到由十五世紀土耳其浴室達烏特帕夏浴場（Daut Pasha Baths）改建而成的國家畫廊，建築獨特之處在

---

[1] 德蕾莎修女紀念館於2009年已竣工完成。

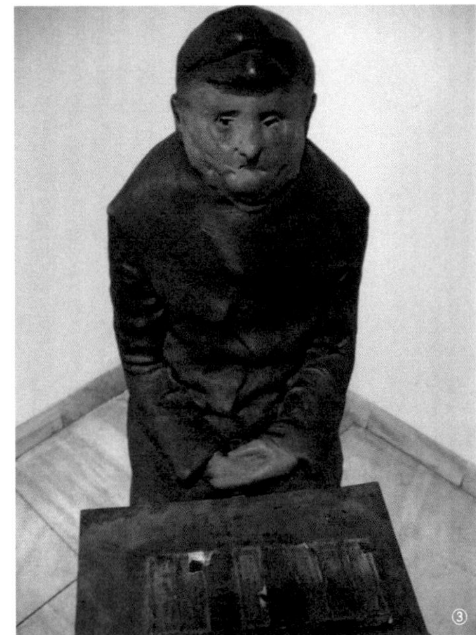

· ①達烏特帕夏浴場（國家畫廊）外觀有許多大大小小圓頂

· ②達烏特帕夏浴場（國家畫廊）內部觀看圓頂

· ③國家畫廊內部展示共黨時期小販販售彩卷的雕塑品，神情頗傳神

・市集內有許多金飾店

於其大大小小穹蒼型圓頂設計，從內部仰望天頂，滿天星透著光亮，從外部某個角度看，兩個最大的圓頂彷彿是女性乳房。畫廊內部已看不著土耳其蒸氣室與冷池的殘留，倒是陳列許多當代藝術，包含畫作、雕刻等。

走出畫廊，我們來到土耳其市集（bazaar），販賣各式各樣物品的聚集地，其中有大量的金飾店，購買金子是個人的喜好？財富的炫耀？是否有地域、種族或文化因素左右呢？顛沛流離與動盪不安的人民，購買金子的實用性遠大於裝飾或炫耀。據我所知，有些臺灣家庭，特別是民國三十八年從中國遷移至臺灣的家庭，逃難的陰影烙印之深刻，現今還維持在家收藏金條的習慣。這些金飾店於馬其頓人的意義為何呢？

・Alex在街上與偶遇的同旅社女士聊天

在市集中，恰巧碰到與我們住在同旅社的女士，她是斯拉夫裔馬其頓人，信奉東正教，長期旅居在德國[2]，因簽證問題回到馬其頓一個禮拜。她雖在北岸土耳其市集逛街，卻跟我們直言，她不喜歡在「這裡」的人，「這裡」是指居住在北岸、信奉伊斯蘭教、去清真寺禱拜的「馬其頓人」。馬其頓人是如何自我區分「我群」和「他群」呢？英文的‘a mixed salad’（什錦沙拉）是譬喻多種族並存混雜的地方，法文則為‘une salade macedoine’（馬其頓沙拉），馬其頓地區種族的複雜度可推而見知。誰是馬其頓人？又誰認同自己為馬其頓人？你遇到十個「馬其頓人」，甚至有可能會給你十一個不同的答案！

馬其頓的歷史是移民、被侵入、劃割，再移民、再劃割，一層層疊覆。早期馬其頓人是混合希臘與非希臘裔的原住民，至六世紀時，斯拉夫裔移民至馬其頓地區，混合當地住民，漸漸基督教化，成為現今馬其頓國的大宗族群。年輕一代的馬其頓人，在國籍與族群認同上，形成「馬其頓人」的概念，他們了解自己身上「斯拉夫」的血緣，更明白他的家族樹是錯綜複雜，有斯拉

[2] 有許多巴爾幹人因經濟問題，被迫或自願至國外工作，馬其頓人也不例外。

夫、有希臘、有塞爾維亞等血緣關係，並不是純粹一詞「斯拉夫裔馬其頓人」而能涵蓋，因此國籍上的「馬其頓人」形成新的族群概念。

除了「馬其頓人」一詞統稱斯拉夫裔血緣、信仰東正教的主流外，馬其頓還包含大量的少數族群：阿爾巴尼亞人、土耳其人[3]、托貝斯人（Torbeš）[4]、羅姆人（Roma）[5]、阿羅蒙人／弗拉赫人（Aromanian/Vlach）[6]，還有少數的少數塞爾維亞人、斯洛維尼亞人等。

馬其頓境內，最大的族群爭端當屬伊斯蘭教徒阿爾巴尼亞人問題。1991年馬其頓脫離南斯拉夫宣告獨立，雖和平但並非沒有紛爭，75%的投票率中，有96%的公民選擇「獨立」選項，問題是有25%的選民並未出席投票，這些人是誰呢？馬其頓境內阿爾巴尼亞人宣稱他們是那不願投票的四分之一，因為他們不想成為獨立後馬其頓的少數族群，但若留在南斯拉夫，依然是境內的少數，因此抗拒投票。馬其頓獨立後，住在馬其頓的阿爾巴尼亞人一方面不被主流的（斯拉夫裔）馬其頓人認同，剝奪公民權，他們本身也很難認可自己是馬其頓人，族群爭端不斷，在2001年爆發嚴重的族群衝突，奪走七十二條人命[7]。1994年，馬其頓電影《暴雨將至》（Before the Rain），一部描述境內阿爾巴尼亞人和馬其頓人糾結的族群問題，觸動人心的故事敍述著無解的習題。

---

[3] 鄂圖曼土耳其統治時期來自土耳其的移民，多屬伊斯蘭教徒。

[4] 斯拉夫裔的馬其頓人，但是信仰伊斯蘭教，有別於主流的東正教徒，形成馬其頓裔穆斯林特殊族群。

[5] 在歐洲社會是邊緣族群，其流浪形象，常被歧視，事實上，馬其頓的羅姆人多是定居，形成歐洲最大的羅姆人社群。但羅姆人還是被社會邊緣化，馬其頓街頭乞討的小孩多來自此族群，我在史高比耶的夜晚，曾有一羅姆小孩趴在地上，緊抓著行走間的Alex大腿不放，乞求金錢。

[6] 羅馬統治時期拉丁語系移民，多數受到良好教育，且精通多國語言，信仰東正教，多同化且認定自己為馬其頓人。

[7] 詳見張桂越，〈都是她惹的禍〉，《追獵藍色巴爾幹》，臺北：大塊，2007，頁66-71。

除了內部種族錯綜，所產生馬其頓認同問題外，邊鄰國家對「馬其頓」一詞有很大爭論。古代史中，著名的亞歷山大大帝來自古馬其頓王國，疆界包含現今的馬其頓共和國、希臘的馬其頓省區與一小部分保加利亞。希臘人或保加利亞人，他們完全否定馬其頓族群存在。在保加利亞，官方不予承認境內少數的馬其頓族，他們宣稱沒有「馬其頓人」，只有保加利亞人。在希臘，「馬其頓」一詞，不論是作為國名或族群名稱，皆不予承認，假如你要激怒希臘人，只要一提「馬其頓人」或「馬其頓國」，保證見效！我也有因此被刁難的經驗[8]。

希臘與馬其頓共和國爭論著「馬其頓」一詞的專利權：希臘北方有馬其頓行政區，大部分的希臘人認為「馬其頓」在希臘，沒有馬其頓人，只有希臘人；沒有馬其頓語，只是希臘方言的一種。「馬其頓」所代表的是繼承古王國文明的北方希臘，不只是地理名稱，而是希臘歷史重要的根源、傳統、遺產。馬其頓共和國則認為他們有其馬其頓語言、承接馬其頓文化，是貨真價實的馬其頓族，所以當1991年以「馬其頓」建立共和國時，希臘拒絕承認、更不接受，進一步抵制，妥協的結果是馬其頓國家在國際官方使用名稱是「前南斯拉夫馬其頓共和國」（Former Yugoslav Republic of Macedonia），簡稱FYROM[9]。馬其頓共和國國旗圖案也在一九九五年受希臘壓迫下，從原本象徵古代馬其頓王國的「維吉納太陽」圖騰，更改為現今的國旗圖案。

Nicola是馬其頓的少數族群阿羅蒙人，信仰東正教，認定自己是馬其頓人，曾經至德國留學，自學英文，通曉希臘文、塞爾維亞文。他對馬其頓問題提出其見解，他認為我和Alex在希臘薩洛尼卡火車站遇到的可能不是希臘罷工，而是希臘官方常常無預警關閉希臘與馬其頓邊界，以展現其操弄馬其頓

[8] 詳見本書後記。希臘對「馬其頓」的看法，筆者除了在希臘碰到否認馬其頓存在的官方海關人員，亦曾在以色列巴勒斯坦地遊玩時，遇一希臘平民，當我聊至曾前往「馬其頓」時，他托著額頭，一臉不敢相信貌，哀嘆連連，喃喃告知我，我不曾去到馬其頓（國家），馬其頓在希臘。大致可見一般希臘對「馬其頓」一詞的見解。

[9] 這與臺灣在國際上稱中華臺北有異曲同工之悲哀！

的權力，他進一步指陳：亞歷山大大帝毫無疑問是馬其頓人，而非希臘人。他引經據典指出自古而來，亞歷山大自認是馬其頓人，希臘人對亞歷山大而言只是外邦近鄰。

面對馬其頓內部族群問題，Nicola也高聲批評：住在馬其頓的阿爾巴尼亞族群，從來不認為自己是馬其頓人，他們甚至不學習馬其頓語、不繳稅、不繳水電費，卻還指責馬其頓政府對他們的歧視。孰是孰非？我很難認定，因為Nicola與Alex患有阿爾巴尼亞恐慌症，至今我沒有任何機會接觸任何住在馬其頓的阿爾巴尼亞人。

・整修中的穆斯塔法帕夏清真寺

Alex不斷質疑Nicola有宗教偏見，因為我們參觀許多著名的教堂、修道院，可是卻沒有拜訪任何一間清真寺， Nicola澄清他不是宗教偏見，只是清真寺沒有什麼好看（nothing to see），為了證明他的不偏頗（雖然當他說nothing to see時，已證明他對清真寺的成見），他帶我們去穆斯塔法帕夏清真寺（Mustafa Pasha Mosque），不過剛好正在整修，我們不得其門而入。

Nicola雖然有點被Alex激怒，他依然盡地主之誼，帶我們持續拜訪史高比耶城市。鉛客棧（Kursumli An），因早期屋頂以鉛製成，而得此名，提供商旅客休憩，停放驛馬，據說可容納一百頭驛馬，在1878年改為收容政治犯監獄，目前在各室陳列考古石碑。在鉛客棧旁就是馬其頓博物館（Museum of Macedonia），如果對考古學有興趣，值得一遊，其中最著名的收藏當屬自泰托沃挖掘出的酒神女信徒銅雕（the Maenad of Tetovo），其身影印製於面

·鉛客棧

額五千第納爾（denar）馬其頓紙鈔，銅雕高度只有九公分，寬約四公分，Nicola笑言傳聞曾有俄國暴發戶向博物館訂購酒神女信徒銅雕原始大小複製品，派遣專機載運，還聘請數十個壯漢搬運，因為他誤以為銅像如同真人大小，殊不知女信徒銅雕可輕易捧在手掌心。

我們在史高比耶最後參訪的景點是碉堡（Kale Fortress），位於史高比耶的置高點，碉堡最早可追溯至六世紀，歷經不斷的毀壞與修建，1963年大地震，部分要塞石牆倒塌，但當時的人卻因不懂修復原理，將石塊任意堆砌層疊高，未照原模修復。今日觀看，依然可分辨何處是未倒塌的城牆，何處是1963年後再重置堆放的石塊。走在碉堡，可近距離俯瞰史高比耶城市，其中最有趣的是美國大使館，建築物本身不吸引人，不過據說是全世界最大的使館，馬其頓人戲稱是美國CIA總部。

・①碉堡下方石塊整齊排列，上方石塊是地震後，未經修復原理任意堆置
・②從碉堡俯瞰史高比耶
・③美國駐馬其頓大使館

在史高比耶最後一晚，我們去了酒吧，Nicola介紹他的妹妹（精通英文、法文、義大利文）與她的朋友（精通英文、西班牙文、義大利文），到了晚上十一點多，我們才去吃晚餐，享受史高比耶的夜生活。

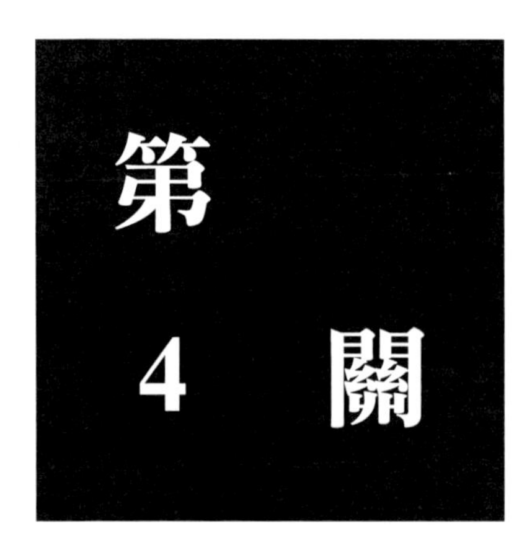

# 第4關 歐荷小鎮

Nicola送Alex和我到車站，Alex要搭火車回希臘學希臘文，我則將乘坐巴士轉往馬其頓的歐荷（Ohrid）。史高比耶車站是雙站並構，包含火車站（二樓）和巴士站（一樓）。連接巴爾幹主要城市的交通工具主要是巴士，火車並不比巴士快，且班次不多，又常誤點，所以旅客搭火車的機會不大。

我和Alex因希臘薩洛尼卡火車站罷工而認識，但也因為罷工，我失去坐巴爾幹火車的機會，這不免讓我有點失落。因為搭火車總是帶有那點冒險、浪漫的特性。火車可牽引兩條平行線交匯，《愛在黎明破曉時》（*Before Sunrise*）電影中，Jesse和Celine兩人相遇就是從坐火車交談開始；克莉絲蒂的《東方特快車謀殺案》（*Murder on The Orient Express*）發生驚悚死亡案；《北西北》（*North by Northwest*）臥底美人掩護Cary Grant所飾演逃亡的商人於她的火車包廂，引發連串的懸疑猜忌。

我只能怨嘆痛失冒險的機會，送別Alex搭上火車，順道參觀內部，史高比耶至薩洛尼卡火車內部如同《哈利

・前往希臘的火車

波特》霍格華茲特快車，是一節節的包廂，你必須和陌生人同處於小車廂數小時。我開玩笑地告訴Alex，他有可能跟阿爾巴尼亞族同車廂，Alex馬上緊張地皮皮挫，就當作我送他的道別禮物吧！

送別Alex後，開始我的一個人前進巴爾幹之旅，從史高比耶至馬其頓西南方的歐荷大約兩個小時車程。歐荷的重要性在於居巴爾幹東正教引領地位，所依傍的歐荷湖（Ohrid Lake），宣稱有三百六十五座教堂、修道院等宗教聖地環湖坐落，而位居內陸的馬其頓，歐荷湖猶如旖旎海景，成為馬其頓著名的度假勝地，也是聯合國教科文組織（UNESCO）保護的自然文化古城。

我一下巴士，馬上被計程車司機、旅館業圍攏招攬生意，不斷地詢問我需不需要住宿或搭車，我微笑搖頭，先走向巴士總站確認是否三天後有前往科索沃普里斯汀納（Pristina）的巴士。在巴士站小房間內只有一個對外窗口，已擠滿六至七人，我無法辨別何處是排隊的隊伍，也無法和其他人一樣擦身擠著，我只好退到一角等待「人潮」散去。

「你來這裡參加國際會議嗎？」一名堆滿笑容的女士，提著一袋隨身行李，走進巴士站小房間，用標準的英文問我。想必是我的亞洲面孔，在這裡顯得有點突兀，而她隨時保持微笑的臉龐，即使她不言語，我也推定她一定不是巴爾幹當地人。

「喔！沒有，我只是來這裡逛逛，什麼國際會議在這舉行？」我好奇的想知道有什麼國際會議必須到歐荷舉辦。

「生態學」她回答。這不奇怪，歐荷湖是世界上最古老的湖之一，保存二百多種特殊的動植物種類，一開始聯合國教科文組織是著重歐荷地區自然生態保護，而後才又肯定其歷史文化之價值。

「你知道從公車站到鎮中心要多久的時間嗎？」我擔心需提著行李，走遙遠的距離才能走到鎮中心。

「不遠，走路大概十到十五分鐘。妳有地圖嗎？」不等我回答，她又接續：「我之前來過這裡開會，有留張地圖，不過這次應該已經用不到，我可以給妳。」她找出一張標誌詳細觀光景點的地圖，並且詳細告知我該如何走到中心。太感心了！頻頻跟她致謝。

確定巴士時刻表後，走出巴士站，拖著行李，朝著鎮中心走去，沒走兩步，就一輛小私人汽車頻頻向我逼近，駕駛座是一名老婦，比著手勢，不斷地邀請我坐上車，表明可順道載我一程，不作他想，我就坐上車，雖然言語不通，不過我比了比寫著旅館名稱的紙條，她也順利地開車載我到預定旅館。放置行李後，跟經營者註冊登記我的護照號碼，她頻頻說阿爾巴尼亞是最美麗的國家，不懂為何許多人前往科索沃而不是去阿爾巴尼亞，所以我猜測此間旅館的經營者是阿爾巴尼亞族。我很想詢問她是否有繳稅與水電費給馬其頓政府，但過於不禮貌，只好作罷！

來到歐荷，幾個重要作古人物幽魂不斷出現：第一組為克里蒙（Clement）和諾姆（Naum），兩人為東正教傳教士，其貢獻是推廣西里爾字母（Cyrillic Alphabets）[1]，以斯拉夫語發揚基督教教義，甚至在歐荷創立第一所斯拉夫大學。第二組則是保加利亞皇帝薩姆爾（Tsar Samuel），建立以斯拉夫人為主體的王國，對抗拜占庭帝國，王國的行政與宗教中心正是在歐荷，因此此處許多建築幾乎都與薩姆爾帝有關。在歐荷晃晃時，「克里蒙」、「諾

[1] 由兩位東正教教士西里爾（Cyril）和米所底阿斯（Methodius）所發明，克里蒙和諾姆為其生徒。

・①歐荷小鎮的克里蒙雕像
・②歐荷湖
・③歐荷小鎮的紅瓦屋舍

姆」、「薩姆爾」字眼會常常蹦出來，譬如臺灣的「中正」、「中山」等詞語，不論到臺灣何處，逃也逃不掉！

傍著湖岸往西上坡而行，左側湖岸風光宜人，零星船艘點綴湖邊，後艉綁束著馬其頓太陽旗的船隻時而臨湖面波光前駛。我沿岸漫步拾坡徐行，石板路貼鋪小道，紅瓦屋舍簇簇近巷而立，路過一家手工製紙小店，內有世界上碩果僅存的古騰堡印刷機複製品，店員詳細介紹陳設品與手工製紙品，有許多東正教聖像設計產品，是有意思的小店。

順著薩姆爾帝路（Tsar Samuel Road），來到聖索菲亞教堂（Sveta Sofia Church），興建於十一世紀，是保加利亞皇帝薩姆爾被拜占庭打敗後，歐荷再次成為拜占廷一部分時所興建，雖然從最高的教會地位轉為隸屬於君士坦丁堡的主教區，仍不改歐荷宗教政治影響力，聖索菲亞教堂即

‧①聖索菲亞教堂

‧②電影《暴雨將至》開幕場景：聖約翰教堂

是當時歐荷主教教堂。土耳其來了後，將之改成清真寺，內部壁畫被塗上白灰泥覆蓋，不過這樣的「破壞」，卻阻隔壁畫暴露於空氣中，減少壁畫的磨損與腐壞，因此保存大量的壁畫。1912年改回為東正教教堂，開始刷洗石灰泥，重修回復壁畫，為世界目前保存大量良好壁畫教堂之一。

繼續往上，至聖約翰教堂（St. Jovan Kaneco），此教堂臨崖建造，融合亞美尼亞與拜占庭教堂建築風格，依傍歐荷湖，是馬其頓著名電影《暴雨將至》重要場景，到馬其頓，此教堂

· ①聖克里蒙潘提雷蒙教堂
· ②羅馬時期磁磚拼貼畫

是非到不可的景點。靜靜地坐在教堂外略作休憩，微風清拍，眺著歐荷湖，聽著教堂內部傳來的聖堂樂歌，身子鬆散著清靜平衡。

沿坡續行，山徑小道清楚標示路標至普勞什尼克（Plaošnik），九世紀時，東正教教士克里蒙來到歐荷，在此處建立教堂與學校，是歐荷最老的教堂，內部甚至有克里蒙墳墓，但在土耳其統治時期被改為清真寺，最後也徒留殘垣斷壁，2002年完工的聖克里蒙潘提雷蒙教堂（Sveti Kliment Pantelejmon）坐落於遺址旁，以相同的命名以茲紀念，依拜占庭形式所建造，為目前馬其頓最為宏偉的教堂之一。教堂前方另有五世紀羅馬長方形會館（basilica）遺址，現在還保留細緻的地面磁磚拼貼畫。我參訪時剛好教堂內部正在禮拜，修士手持持燭香罐，搖擺燭香罐，唱著聖歌，環繞大廳一圈。

隨意在小鎮走走，逛逛市場、一家影音小舖，回旅館休息。

# 第5關 日本背包客

Nicola再三跟我推薦，到歐荷，一定要搭船遊歐荷湖至聖諾姆修道院（Sveti Naum Monastery），因此這就是我今天主要行程。郵輪每天只有兩班次：早班次與夜光班次。不過會隨著遊客人數調整是否出航。九點半我在碼頭等待，準備搭乘十點前往聖諾姆修道院的輪船，輪船老闆和在碼頭等候的一對美國夫婦都詢問我是不是日本人。待在倫敦時，只有幾次被懷疑是日本人（特別是我的行為舉止超乎異常禮貌時）。可是當踏出國際城市，行至鮮少亞洲面孔的巴爾幹，你所見到的亞洲背包客十有八九是日本人，我的亞洲面孔，被他們輕易地歸類成日本人。

在岸頭等待的人三三兩兩，好不容易又有一名遊客姍姍走來，竟然是黑頭髮黑眼睛的亞洲人！他是我在巴爾幹第二個遇到的亞洲人：多田光宏，光宏兼具日本人的禮貌、臺灣人的隨性與歐洲人的冒險的個性，就讀社會學的他，比起傳統的日本人多了幾份豁達與不拘小節，他從克羅埃西亞搭夜車來到歐荷，已經在歐荷遊歷一天。他是極佳的背包客，設備齊全：防風衣加上多口袋的休閒褲，輕型相機環扣腰間，背包上懸綁著品紅色的毛巾，時可拭汗或遮雨，一支收折型曬衣架與一本簡易的語言對照書，還有還有，最重要的是他有自在的旅遊態度！

畢竟兩個亞洲人在巴爾幹偶然相遇的機會少之又少，我們愉快聊著我們的旅遊經驗，我借了Bradt的馬其頓旅遊書給他翻閱。

他問：「你有打算去特斯卡維修道院（Treskavec Monastery）嗎？」

「啥？哪裡？」我一臉茫然貌。

「就是你那本旅遊書的封面。你看過電影《暴雨將至》嗎？非常非常令人印象深刻的電影，場景就在那裡拍攝，我很想去，可是必需要爬一段山路，我的腳都已經長水泡了，我不知道我是否能獨自前往，所以還在考慮。假如你要去的話，我們可以一起過去。」他提出一個動人的提議，雖然我對特斯卡維修道院一無所知。

「特斯卡維修道院位在哪裡呢？」我問。

「在馬其頓中部，靠近普里萊普（Prilep），從這裡搭車去大概要二小時，爬山上去修道院再耗時約三小時，可是因為特斯卡維修道院不是旅遊景點，上山的標誌不是很明確。」他的說明更加激發我的好奇心。

「讓我考慮看看，好嗎？」我的馬其頓簽證三天後到期，我必須估算我離境的日期，也需要考量我的體力。

因為非旅遊旺季，乘客人數不多，十點班次的渡輪遲遲停在岸邊，招攬遊客，我和光宏坐在第二層甲板

・馬其頓小朋友

・渡輪遊客舒享日光的暖沁

露天座，剛好碰到馬其頓小朋友校外教學，他們看到兩個亞洲面孔，頻頻在湖岸旁觀看嬉鬧，當我們按下快門時，又一溜煙地哄散，只有幾名膽子較大，駐足瞪視讓我們拍攝。直到接近十一點，遊船才啟程，沿途有馬其頓語廣播介紹沿岸景點，不過我們一點也不在乎聽不懂。我們慵懶癱在座椅，享受日光溫溫地溶沁入肌膚血脈，光宏和我有一搭沒一搭地聊著。

如果旅行都按照腳本行走，其實我只要買一本文圖並茂的旅遊書閱覽就足夠了，走這一遭，就是將自己丟在不確定的環境，人不該盲目行走，可也不該只朝著單一目標前進，放棄其他的可能性，偶爾走點岔路又何妨！（雖然我常常走岔路……）

思及至此，我下定了決心：「我跟你一起去特斯卡維修道院！」

「真的嗎？」光宏似乎為我的快速決定嚇到。

「假如現在不去，以後我可能沒有機會了！」電影《練習曲》激勵人心的臺詞「有些事現在不做，一輩子都不會做了。」鼓動我下了這決定。

・聖諾姆修道院內的孔雀

・馬其頓婚禮

光宏很是開心我的參與，因為他本來要放棄，我的加入，令他能再補充元氣，重拾前往特斯卡維修道院的鬥志。我倆就一邊享受渡輪，一邊規劃特斯卡維修道院旅程。

下岸後，第一個景點是聖諾姆修道院，此教堂位於阿爾巴尼亞與馬其頓的交界，濱臨歐荷湖，對我而言，最為有趣的不是教堂建築或是內部壁畫，而是院子內外到處自在行走的孔雀！有的在草圃、石鋪院子昂首闊步，有的在屋頂簷梢休憩，甚至有母孔雀引領小孔雀覓食！

走進教堂內部，剛好碰到一場馬其頓婚禮在舉行，觀禮的人擠滿大廳，我和光宏只能在門口窺看，神父帶領著新人祝禱、頒婚禮皇冠。儀式結束後，新郎、新娘步出教堂，接受眾人的祝福，新人的親友忙不迭請圍觀民眾喝飲料、吃小點心，一把把糖果、巧克力撒下，孩童們興奮地拾撿，我也好玩地加入其中，他們甚至友好地邀請光宏和我參加結婚派對狂歡慶祝，可惜我們必須在二點以前搭船回歐荷小鎮，只能婉拒他們的邀約。

· ①聖諾姆修道院
· ②倒影池波
· ③居民間緩散步
· ④從薩姆爾帝堡壘眺看歐荷小鎮

待婚禮人潮散去後，我們重新走回聖諾姆修道院，此教堂想當然爾是紀念聖諾姆而建，原本十世紀聖諾姆所建造的聖天使教堂（Church of the Holy Archangels）在鄂圖曼時代被毀壞，目前教堂是十六世紀時在其基石上建造，聖諾姆的石棺柩放置於前廳右側房間保存，據説趴在大石上，可聽到聖諾姆噗噗通通心跳，手摸石棺，也可以讓夢想成真！

走出教堂往左，沿著湖邊行走，攤販沿途擺設販賣紀念品，風景煞是迷人。右側有平靜無波的天然池塘，周

遭樹影婆娑倒影池波。左側湖岸沖積，砂石貝殼遍布，時有旅客與居民閒緩散步。我們向路邊攤販買了馬其頓式漢堡做為午餐，乘坐原船回到歐荷。

雖然光宏昨天已經逛畢所有歐荷景點，仍然陪我走走。聖母教堂（Church Mother of God Perivleptos）內部沒有開放，只能在外部照照相，側旁的聖像畫廊（Icon Gallery）也沒有營業，煞是可惜，人們當然可以參加旅行團，以有效時間節約方式，參訪所有必看景點，但旅行總是這樣，人生也是如此，我不可能瀏覽所有的風景名勝，也不可能完善一切生活，不如笑納那些許的缺憾吧！

我們朝著薩姆爾帝堡壘（Tsar Samuel's Fortress）走去，光宏昨天已經參訪過了，所以他在出入口處等我。十世紀末，保加利亞帝國的薩姆爾皇帝定歐荷為首都，堡壘外牆保存狀態良好，站在城牆上，歐荷鎮風貌盡收眼底。原本歐荷居民居住在堡壘內，作為對抗土耳其人的要塞，當土耳其人佔領後，

・隱身尋常百姓家的羅馬圓形劇場

土耳其將東正教人口限制於堡壘內部，限制其自由，控管作用遠遠大於防衛性質。

最後，我們走到羅馬圓形劇場（Roman Amphitheatre），此圓形劇場二十世紀重新被挖掘出，因其坐落於尋常百姓家，沒有高牆圍繞，突顯其平易及可親性，許多節慶活動及表演仍在此舉行。

我倆又在鎮上拍拍照片，逛了一會，光宏帶我去網咖，我帶他去麵包店介紹馬其頓酥皮起司奶酥派（burek），約定明天共同乘車前往普里萊普後，各自回旅館休息。

# 第6關 popoleka

天色未亮，起床梳洗，將旅行袋前側背包拆開，略收拾簡易的盥洗物品，步出房門，曙光未露，黑壓壓的一片，一人在小巷穿梭，在郵局對面的鎮中心等候，遠處聽到陣陣狗群吠叫，此起彼落。馬其頓除了盛產東正教教堂外，流浪狗也是特色之一，臺灣的流浪狗是形單影隻，垂頭喪氣的喪家之犬；馬其頓的流浪狗是成群結社，稱霸山寨，旁人得退避三舍。

已經超過約定時間十分鐘，光宏還不見蹤影，遲到對於守時的日本民族是很不尋常，我不免有點擔心。我又再等了十分鐘，終於看到從岸頭邊一點小黑點遠遠跑過來，黑點漸漸化為人影身形，是光宏，他對我抱歉連連。

「你有聽到狗吠聲嗎？」他邊喘氣邊忙不隆咚地說。

「有呀！發生什麼事了嗎？」我不了解的詢問。

「一群流浪狗……呼……呼……擋在路中央，所以我繞了一大圈才跑到這裡，幸好妳還在這裡。」他似乎費盡所有力氣，整個人喘吁吁。

．普里萊普一景

．普里萊普的友善小攤販

「別這麼說，我知道你一定會來。其實幸好有你，要不是遇到你，我也不曾想過要去特斯卡維修道院，我應該要謝謝你。」如果沒有光宏，我一定沒有辦法獨自前往。

「要不是妳答應要去特斯卡維修道院，我可能一個人會放棄前去，我才該謝謝妳。」他回謝。

單身自助旅行者熱愛一個人的冒險，一個人的孤獨，一個人的自由。冒險並不代表危險，孤獨並不代表寂寞，自由並不代表放縱。我們不是吝於與他人分擔或分享，而是我們更追求自處的自在。當兩個旅行者繞了半個地球撞在一起時，我們為對方保留自處的空間，然後自在的相處。

就這樣，在尚未破曉的凌晨，我們倆人並肩踩在無人的街道，走向車站。

約莫二小時半，我們到達了普里萊普，決定先逛逛小鎮。你到史高比耶和歐荷，你認識了馬其頓，可是如果你到了普里萊普，你才真正享受馬其頓的風光。史高比耶是政經首都，首都的人民往往帶有冷漠的傲慢，歐荷帶著強烈觀光商業味，普里萊普則截然不同，普里萊普雖擁有所有的觀光要素：市集、殘餘的堡壘、教堂，但其規模不如史高比耶和歐荷，在這裡我們可以感覺到真實的馬其頓生活：悠閒在街上晃逛的年輕人、攤販熱情與你聊天（雖然我們聽不懂他在說什麼）、邀請你進去喝杯咖啡等等。光宏也不斷微笑，逢人便說：「Dobro utro（早安）！」他的親切、微笑、禮貌，博得許多人的回

・馬其頓的山景

・紅白聖像指標

應與招呼，甚至有個先生熱情地主動跑過來要求跟我們合照！

逛了市鎮一圈，我們詢問鎮上居民是否去過特斯卡維修道院，大部分的人都不清楚。根據Bradt旅遊書的說明，有三條路通達特斯卡維修道院：第一條是較平緩的山徑，順著紅白聖像指標可到達，大約6.5公里；第二條山路以羅姆人的貧民窟為起點，只有4.5公里，路程較短但亦較陡峭，初次入山者，最好帶著指南針；第三條路則是供吉普車行駛的泥濘路，作為載運補給品上山之用。在安全的考量下，我們決定選擇第一個方式上山，所以按照旅遊手冊指引，坐計程車前往入山口。

「我可以感覺到真實的馬其頓！」光宏讚嘆著眼裡所看到的奇景。山脈奇石地形旖旎蔓延，侷限鏡頭的框架，沒有辦法盡收攬我們所見到三六〇度全景。馬其頓的山景令人驚艷，奇山異石如上天隨意錯置，灑下不對稱的美感。我們跟隨著紅白聖像指標前進，走走停停，過了一個小時，除了我倆的影子與曠野山石作伴，瞧不見半個其他的人影，雖然不是那麼確定我們走的路，但也沒有走回頭路的可能性。

然而，此時一名身著亮黃色的夾克，側背紅肩帶白背包的人影快步逼近我們。

「Dobro utro！」我們齊聲道早。

他燦爛微笑，嘰哩咕嚕講了一連串話，光宏和我完全不懂，不過趕緊比

・①多田跟隨Ander腳步
・②各國首都方位的指標

著旅遊書的封面，雞同鴨講的比畫，示意我們要前往特斯卡維修道院。他點點頭，招著手要我們跟著他走。

他是Ander，Ander的腳程極其熟練穩快，我和光宏跌跌撞撞緊隨在後。

「popoleka?」Ander回頭問我們。我們搖搖頭表示不懂。

他作月球漫步，放慢腳步的模樣，「popoleka?」

「Da.da.da[1]！」我們兩忙不更迭的點頭稱是，希望他腳步放慢。其結果就是，沿途中，Ander頻頻回頭詢問我們兩個亞洲肉雞是不是需要popoleka……

從入山口到特斯卡維修道院，我們總共花了三小時半的時間上山，看到標示著各國首都方位的指標時，離修道院只剩五分鐘的腳程。當特斯卡維修道院大門矗立眼前，我們不禁歡呼，幾近不敢相信我們做到了！

---

[1] Da馬其頓語「是」的意思。

①

②

・①特斯卡維修道院大門
・②特斯卡維修道院全景

特斯卡維修道院藏身於山間，是馬其頓最難抵達的修道院之一，以靜謐的姿態，舒臥山間。進入特斯卡維修道院，ㄇ字型的二層修道院建築環繞正中間的教堂，樓梯接著二樓長廊，緊臨數間客房，Ander帶我們去二樓房間休息，房間約莫三〇來坪，置放十數張床，床上鋪了毛毯，我們挑了正中間的床位放置行李，換下汗濕淋淋的衣服，略作休憩，然後攜著我們在普里萊普買的乾糧走到一樓的廚房，廚房內，除了Ander外，還有他的兄弟Spirit，他從昨天就上山待在修道院。在昏暗乾淨的廚房，提供餐具與簡單的爐子，Spirit正在煮著土耳其咖啡，他們也慷慨分享自製新鮮的果醬，沁出一股天然滋味，有著果子的甜香與綿密，卻無人工加味的黏膩。Spirit邊煮著咖啡，邊和我們談著馬其頓的政事。

餐畢，Spirit帶著我們參觀他與Andre所住的另外一間客房，房間大概二十坪，靠牆中央放置方形鐵製約一百公分高的暖爐，將木材放置於下層燃燒，關上爐蓋，熱氣經過上層流竄外放，我和光宏就待在那取暖，然後我們就和Ander坐在長廊上的座椅欣賞景致、逗弄著小貓。

我們指著旅遊書的圖片告訴Ander，希望能再往上爬，如同旅遊書的圖片一樣，看到修道院的全景。我們就由Spirit領引，尋找觀看修道院置高點，這裡沒有任何人為的小徑，我們只能隨著巨石的幅度、大小、角度鑽路往上爬，只見一塊比我還高的巨石橫檔在前，我這隻臺灣肉雞手無縛雞之力，沒辦法靠我的手力攀上去，只見Spirit二話不說，手環抱我的肩下，將我拎上去，呼！我才有幸拍到修道院全景。

晚上八點，我和光宏參加教堂禮拜，教堂內部是沒有電燈等現代照明設備，點燃黃燭燈火，醞渲昏暗的迷濛，除了我與光宏、兩兄弟與長住院內的相關神職人員和信徒外，還有另外兩個外地客。駐院神父Father Kalist低頭頌念禱詞，如頌詩賦文，極富韻味，燭光映照，虔誠臉龐波波生輝。禮拜完畢後，我兩被引薦給Father Kalist，Father Kalist是高度現代化的神父，留學挪威、英格蘭，有手機和gmail信箱，是修道院唯一通曉英文的人，在他大鬍子下有爽朗的笑容，厚實握著我們的手，竭誠歡迎我們的到來，可惜的是，因神父另有要務，使我們沒辦法與他多談。

步回房間，夜霧迷迷，特斯卡維修道院立於巒谷間，隔絕於世，我和光宏聊著天，漸漸入眠。

# 第7關

·霧中的特斯卡維修道院

## 肅穆先生與照片

一早起床，送別Ander和Spirit兩兄弟，剩下我和光宏在修道院隨意逛逛。霧中的特斯卡維修道院祥和平靜躺在山巒，我們靜靜地漫走，害怕些許聲響就打擾了其幽靜的姿態。

揹起行囊，我們向神父告別，然後走向教堂，我們要將一千第納爾紙鈔放置在聖壇壁畫層[1]，步進教堂，遇到昨晚同樣參加彌撒的兩個異地人，他們正拿著手電筒細細觀看壁畫，他們是波蘭情侶 Marta和Aleksander，主修宗教哲學（philosophy of religion），同樣也是昨天徒步上山。我們就在東正教教堂屋簷下，聊起波蘭宗教問題。

我在英的波蘭友人曾提出百分之八十的波蘭人是天主教，但我們很難用數據標準衡量「信仰虔誠度」，例如我的波蘭友人雖然是天主教徒，可是禮

---

[1] 住宿特斯卡維修道院是不收費，可隨意捐贈聊表心意，捐贈費用將作為修復修道院的經費。

拜日鮮少看她上教堂，當然上教堂者不一定代表較虔誠，但究竟該憑藉何物證明信仰之存在呢？讀聖經？上教堂？或守貞？波蘭友人曾很認真嚴肅地詢問我：假如你不信上帝，那麼你死後如何進天堂呢？

波蘭人到底如何看待信仰？Aleksander提出百分之三十的波蘭人禮拜天上教堂，Marta反駁大部分的人都是假道徒，上教堂只是信仰的形式，而非信仰的本質，Aleksander半嘲弄地開玩笑說Marta是不上教堂的天主教徒。宗教的辯證永遠是無止盡，信而存在，信而生活，然當開始質疑信仰，懷疑「信者得救」是利益交換的宗教概念，只是一再確認信仰的不可懷疑性為其必然構成元素。

告別Aleksander和Marta，我們也揮揮手，告別特斯卡維修道院這個意外的行程[2]。下山就只有我和光宏兩個人，一樣順著紅白聖像標誌，偶有走錯岔路而折返，直到我們走到昨天經過的一條繩索斜坡，這是約莫三層樓高的斜坡，僅一條繩索供人抓持攀爬，昨天上山時，當你眼光朝前，你知道目標，故可無畏奮力往上攀走。可是今天下山，當你背對著目標，僅憑藉一條繩索，剩下未知的恐懼。常常我的魯莽會創造我膽大的假象，可是我本質是膽小的人，我邊爬坡邊頻頻碎碎唸著：我希望還能再去

· 多田是態度極佳的日本背包客

[2] 在2013年特斯卡維修道院慘遭祝融之災，幸運的是教堂本身未受損，但修道院許多建築需要重建，詳見修道院部落格：http://treskavec.blogspot.tw/p/history-en.html。

·馬其頓鄉間曬菸草

·曬辣椒串

法國一趟，我還有很多事情還沒達成……

光宏知道我的害怕，不斷鼓勵我，且想盡辦法轉移我的注意力，分散我的恐懼，最後他開始跟我用法文聊天，因為我憋腳的法文能力，使我必須專注於思考法文的單字、文法，忘記下坡的惶恐，我們就在「Bonjour」、「Tu aimes Macedoine?」、「Pourquoi?」等簡易法文對話中爬下斜坡。

終於到了昨天我們爬山的起點，正好遇到一個單車騎者，他從克羅埃西亞騎單車至馬其頓，目標就是到特斯卡維修道院，我和光宏以不可置信的眼神望著他騎著單車朝上，他該如何攜帶一輛腳踏車攀爬一條繩斜坡呢？

我們邁步走向附近的村落，希望能找到計程車載我們到普里萊普公車站，沿途可見許多曬菸草的棚架，還有些許房屋懸掛辣椒串曬乾。順利找到計程車，載我們至普里萊普車站，剛好有一班前往史高比耶的車子引擎已轟轟作響，正準備開動，我再三向光宏保證我可以自行在普里萊普等待往歐荷班車，光宏方放心購票，衝向客運，我看著他的背影，揮揮手。旅行就是不斷在途中遇到旅伴，再不斷面對說再見的時刻，雖一開始是計畫一人的自助旅行，可是在路上，不斷遇到同伴，在史高比耶時，我與Alexs和Nicola結伴同行，在歐荷時我遇到光宏，然後我們一起到特斯卡維修道院。光宏的離開，我是真的一個人了！

・普里萊普鐘樓前的人們，最左方是「肅穆先生」

我必須找公共電話撥回歐荷旅館預留今晚的住宿，拿回我寄放的行李，在普里萊普小鎮晃來晃去，只看到插卡式的電話，逛到鐘樓（Clock Tower）前的公園，幾名膚色較黝黑的工人或遊民正在休憩，他們對我露出善意的微笑，我開始比手劃腳解釋我在找電話，其中一名神色較肅穆、少露笑容的先生，姑且稱之為「肅穆先生」帶我穿梭數條小巷，停在一家小雜貨店前面，櫃臺上面就放著一般電話，雜貨店的先生幫我撥電話給旅館，我在通話時，那名肅穆先生就先行離開了！

跟旅館通電確認後，我再回到他們休憩的公園，握手表達我的謝意，與他們開始聊起天，他們詢問我的年紀、我從何處來等等。我拿起相機，對著這一群可愛的人拍照，之後他們又不斷作勢要我單獨對肅穆先生拍照，順著他們的要求，又拿起相機獨拍肅穆先生，他從我的數位螢幕觀看照片，然後不斷拉著我，要我隨他走，雖然我不懂他的目的是什麼，但我知道他沒有惡意，因此我就隨著他走進彎彎曲曲的小巷，最後停在一間相片館前。原來他是希望能將他的照片洗出來，進入照相館，我明顯的感受照相館人員對肅穆先生的冷淡，我們在照相館等了十幾分鐘終於洗了出來，他珍惜地將照片收進左側胸口，手握拳，靠近心臟，表達他的謝意。影像傳達不只是形象本身，影像背後訴說一則則故事與難忘的記憶，他的照片將擁有我的回憶。

在普里萊普，我一人走在城鎮，一些人開始向我不斷搭訕，邀請我喝咖啡，即使他們不懂英文。

「哀落府屋！」一名年約二十歲，卻滿口銀牙的年輕人貿然坐在我休憩的板凳，乍如其來的開口對我說話。

「啥？」除了我一時沒反映出他在講哪國的語言，主要是他的銀牙亮閃閃地分散我的聽力。

「愛樂福於！」他再次閃耀他的銀牙。

我終於了解他在說I love you！這可能是畢生第一次有人對我一見鍾情，不過他的銀牙將我的愛情腎上腺素抑制地蕩然無存。

為了避免其他怪男子的騷擾，我乖乖走到巴士候車亭，不在小鎮趴趴走。再一次回到歐荷，明早要回史高比耶，轉車至下一個巴爾幹國家——科索沃。

# 迷路普里斯汀納

我在今天的旅遊日誌上寫下第一句話：「普里斯汀納（Pristina）是醜陋的城市，擁擠的車潮，煙塵滿佈。」科索沃，我第二個前往的巴爾幹「國家」[1]，是我造訪巴爾幹最初的契機，卻也成為我不想再踏進的地方。

下午四點，巴士尚未駛進普里斯汀納市區就堵塞在外環，巴士站在市區邊緣，若要轉達市內公車，還要走一大段路，交通極為不便。我下了巴士，招計程車，直奔座落市區邊緣唯一的廉價旅館Velania Guesthouse[2]，放下行李，再帶著旅遊書出去逛逛。普里斯汀納城市沒有中心道路，街道標誌混亂，1989年塞爾維亞將路名從阿爾巴尼亞語改為塞爾維亞語，而後國際介入科索沃問題

---

1 科索沃2008年宣布獨立，目前歐洲有西班牙、塞爾維亞等不承認其獨立之地位。

2 因聯合國人員進駐，多是商業旅館或星級以上的飯店，不適合阮囊羞澀的背包客。

時，理論上路名應該改為阿爾巴尼亞語，實際上地圖的路名無法比對真實街道，路面都是改建工程，汽車轟轟咆哮，灰迷迷的一片城市。旅遊手冊[3]指引參觀的地點大都斷垣殘壁正在整修，也許是時間已經接近五點，連科索沃博物館（Museum of Kosovo）都已經關門了。

走在馬路上，每個人先瞪視我，然後又漠視地從旁匆匆走過。終於遇到一名主動搭理我，且能說英語的科索沃人Astrit，他修讀經濟學，我倆侷促地站在馬路邊對談。

「我想要去格拉查尼（Gračanica）。」我趁機打聽普里斯汀納附近的景點。

他的臉色馬上一變，面露仇恨說：「那裡的人們不好，他們是敵人，他們看起來既醜又老，對我而言，我不喜歡他們。」這是我現實生活中看過最猙獰的面孔，痛恨深刻畫在他的臉上，要有多少的恨意，才會將臉龐扭曲如此？

科索沃問題是錯縱歷史下的產物，科索沃地區主要居住阿爾巴尼亞人，中世紀時由東正教的塞爾維亞帝國控制，而後土耳其來了，阿爾巴尼亞人因節稅等現實考量受土耳其拉攏，轉信伊斯蘭教。1912年巴爾幹戰爭結束，阿爾巴尼亞脫離土耳其獨立，但以阿爾巴尼亞人為大宗的科索沃地區卻被劃入塞爾維亞的版圖，兩次世界大戰期間，雖曾被塞爾維亞的交戰國佔領，但最終還時回到由塞爾維亞為主導的南斯拉夫世界[4]。

南斯拉夫瓦解後，科索沃成為塞爾維亞的自治省，塞爾維亞狂人米洛塞維奇（Milošević）實行「大塞爾維亞主義」，軍事獨裁方式處理境內民族問題，

---

[3] 的確有科索沃獨冊旅遊書，不過主要目的是提供長駐科索沃外交或國際救援等人員使用，內容包含實用生活資訊，例如何處可購買電腦、看牙醫等。

[4] 一次世界大戰期間，與塞爾維亞為敵的奧匈帝國和保加利亞瓜分科索沃地區，戰爭結束後，科索沃被劃入塞爾維亞、克羅地亞和斯洛文尼亞王國（後稱南斯拉夫王國），塞爾維亞人剝削阿爾巴尼亞人土地，鼓勵塞爾維亞移民，一再再激起阿爾巴尼亞人反抗，二戰爆發後，科索沃被義大利佔領，敵人的敵人是朋友，德、義利用阿爾巴尼亞人強化對科索沃統治，阿爾巴尼亞人也趁機驅逐科索沃的塞爾維亞人。

1998年在科索沃進行種族清洗，以屠殺、強暴、滅村等方式驅逐阿爾巴尼亞人，大量難民潮湧進鄰國馬其頓，促使美國為首的北約介入，轟炸塞爾維亞，逼使塞爾維亞軍隊撤離科索沃[5]。戰後，科索沃先由北約管理，之後轉至聯合國託管，科索沃獨立與否問題爭論不休，直到2008年科索沃總理宣告獨立，陸續受美國等國承認。

・普里斯汀納處處可見聯合國（UN）專車

阿爾巴尼亞人陸續回到科索沃家鄉後，對居住在科索沃的少數塞爾維亞人進行報復，畢竟民族清洗的仇恨難消，對他們而言，塞爾維亞人的同義字是壞蛋，沒有任何一個塞爾維亞人值得同情。對居住在科索沃的少數塞爾維亞人來說，科索沃也是他們的家，面對阿爾巴尼亞人的報復行動，他們並不願意離開，聯合國派員保護他們聚集居住的塞爾維亞村落，格拉查尼正是鄰近普里斯汀納的塞爾維亞族村莊。Astrit憎恨任何有關塞爾維亞的人、事、物，從其聽到格拉查尼的反應可見一斑。

「你有沒有男朋友、丈夫或一個家庭？」Astrit突然唐突地詢問我。我頓時覺得奇怪。後來我在巴爾幹陸續碰到類似狀況，小至八、九歲的小朋友，大至五十多歲的毆吉桑，除了國籍、年紀外，感情狀態是最高頻率被詢問的問題，甚至有人問我有幾個小孩了！阿爾巴尼亞女子多在二十歲以前就結婚生子，現今雖女子自由度提高，但婚姻生活依然是生活的歸宿。像我這樣一個

---

[5] 北大西洋公約組織介入科索沃問題是外交上特例：未經聯合國同意，以人道名義進行軍事轟炸非北約成員國。美國政治考量應是限制塞爾維亞的幕後老大哥俄國之擴大。

趴趴走的單身女生，對他們來說，很是不可思議。因Astrit另有要事，所以我和Astrit相約明天四點見面，他再帶我逛逛城市。

天色漸漸昏暗，我決定打道回旅館，但我卻迷路了！我從來都沒有方向感，也常常迷路，對於迷路，我總是抱持著隨遇而安，路邊的風景不因此而減少其風采，停頓、延遲亦可能見城市另一面風情。在巴黎迷路，讓我看見別雅的畫廊，在臺北迷路，層層疊疊民寓的花花草草錯綜之別緻，然而在普里斯汀納迷路，卻有很強很強的恐慌，恐慌植根於我的突兀、突兀、突兀、突兀、突兀。你走到任何地方，似有無形的聚光燈聚焦在你身上，畢竟科索沃不是旅遊景點，黑髮黃皮膚的人是少之又少，我不是籠子裡的珍奇熊貓，卻成了奇珍被觀賞的人種。

站在普里斯汀納的街頭，沒辦法定義自己的位置，因為街道上幾近沒有標誌，街道交錯混亂，我迷失了方向，我向坐在路旁賣菸的二十歲出頭年輕人問路，他非常好心，馬上收起攤子，表示願意帶我回去旅館。途中他不斷詢問我要不要喝咖啡、吃漢堡，我也不斷地婉拒。直到他要求我進入公園，我警覺事情的不對勁，旅館人員千交代萬交代，不要晚上前往這座空闊的公園。科索沃犯罪率依然偏高，我可要想辦法擺脫他，就在我們經過一家雜貨店時，我向他表示我知道回旅館的路了（雖然我一點也都不知道），要求請他離開，他一再表達可送我一程，我也一再推辭，最後他點首答應，就在我們握手言別時，他突地的猛力一拉我的手，將他的臉湊上來，不斷舔吻我，一陣黏膩作嘔，我使盡力氣推開他，逃進雜貨店。我沒有辦法用阿爾巴尼亞語跟雜貨店老闆娘解釋，只能假裝在店裡逛，一個小型的雜貨店硬是讓我逛了十幾分鐘，直到我鼓起勇氣，走到店外，他已經無蹤影。

天色已昏暗，我再次鼓起勇氣，向路邊的警衛問路，這次由警衛的護送下，終於回到旅館，只見警衛與旅館人員緊張的交談。我回到房間，趴在床上，他的面孔，那男性的面孔，卻牢牢地卡在腦縫，我縮在床上隱隱作嘔。

# 格拉查尼塞爾維亞村莊

天氣陰灰灰，我的感冒加重了！昨天疑似鼻塞，今天卻整個身體軟綿綿，情緒濃黏膩揪著扳不開，陷在被性騷擾的陰影。我沒有辦法赴Astrit四點之約了，一方面身體不適，更多是我擔心會不會再發生對我意圖不軌之事，我不該以偏概全，但身心已無力再撥理思緒，所以一早就寫信告知Astrit我難以赴約，按下「SEND」按鈕，再也不管他是否能在四點以前查看信箱，收到信件。

決定不要再到普里斯汀納城內遊走，昨天被騷擾的經驗讓我對這座城市怯步。拖著沉重的身體，我走向車站，準備坐車到南部的格拉查尼村莊參訪修道院。我又迷路了！今天我抓住一名女性問路，為了避免出現類似昨天Astrit知曉我想要去格拉查尼塞爾維亞村莊，所流露出的憎恨表情，我只告知她我想前往巴士車站，她慨然伴我一起搭公車到巴士站，她是Jurida，來自鄰國阿爾巴尼亞，至科索沃讀藥學。阿爾巴尼亞與科索沃號稱是兄弟邦，為同一個族群，一同對塞爾維亞同仇敵愾。

Jurida告知我，當她在讀小學時，阿

爾巴尼亞歷史課本指陳「科索沃是阿爾巴尼亞的一部分」[1]，事實上，科索沃也有少部分的人贊同「大阿爾巴尼亞主義」：以阿爾巴尼亞族群劃分國界，建立包含阿爾巴尼亞、科索沃與一部分馬其頓的「大阿爾巴尼亞國」。有些塞爾維亞人指出科索沃的獨立就是實踐「大阿爾巴尼亞國」的階段性過程。然而即使是兄弟之邦，內部亦有歧見，Jurida認為公車票是0.30歐元，當收票員要求收取0.40歐元時，她認為這是因為她的阿爾巴尼亞口音所造成惡意漲價[2]。

馬其頓人Nicola對內部阿爾巴尼亞族的批評、科索沃人Astrit對塞爾維亞人的仇恨、阿爾巴尼亞人Jurida懷疑科索沃收票員對她抬高價錢等反應，將「我群」與「他群」界限劃分明確，不容越池。在巴爾幹，人與人之間可以因種族因素，登時顯露不信任。我是亞洲人，不屬於他們心中的分類框架，在這些飽受折磨的國家，我是「天真無害」的，我可以遊走多邊，甚至獲得他們的接納，在他們的眼中，我是單獨的「個人」，他們對我的好惡是基於我的行為舉止判斷，然而在科索沃阿爾巴尼亞人的心中，沒有「一個塞爾維亞好人」，只有「整體塞爾維亞壞人」；在馬其頓人心中，沒有「一個阿爾巴尼亞族馬其頓公民」，只有「整體不履行公民權在馬其頓的阿爾巴尼亞人」，理解或判斷人的好壞，來自其種族而非其作為，這是巴爾幹始終躁動不安的主要因素。

順利地搭乘巴士至格拉查尼，格拉查尼原只是塞爾維亞族的礦工小村莊，在1999年科索沃發生族群衝突後，大部分的塞爾維亞族離開科索沃，前往塞爾維亞，有一部分原本住在普里斯汀納的塞爾維亞族因擔心會遭到阿爾巴尼亞族報復，而聚集至格拉查尼，格拉查尼成為靠近普里斯汀納，由塞爾維亞政府資助的衛星城市。若搭公車至格拉查尼，必須事先向司機報備下車，否則

---

[1] 根據Jurida年紀歸推斷，當她國小時，科索沃應為塞爾維亞的自治區。阿爾巴尼亞建國以來，從未控管過科索沃地區。

[2] 事實上，票價的確是0.30歐元。

・科索沃內少數村莊懸掛塞爾維亞國旗

・格拉查尼修道院

司機經過塞爾維亞村莊是過站不停，這也是族群衝突所造成的生活歧視。格拉查尼因為是塞爾維亞人村莊，所以使用西里爾字母，有別於阿爾巴尼亞使用拉丁字母；格拉查尼村莊高懸塞爾維亞國旗，有別於科索沃的嶄新國旗。當然此地的人不盡然如Astrit所說「看起來既醜又老」，這是種族敵意產生的偏頗，我這個外地人完全沒有辦法從外貌分辨科索沃塞爾維亞族和阿爾巴尼亞族的差別。

下了巴士，順著顛簸的主道路直走，約莫五分鐘，格拉查尼修道院位在左方，由聯合國瑞典籍士兵站崗駐守。在科索沃，東正教教堂受聯合國保護，避免科索沃阿爾巴尼亞族施展報復，破壞具文化保存意義的建築。陰沉的天空，開始飄起雨，我連忙躲近教堂。格拉查尼修道院是塞爾維亞式拜占庭建築的代表，中世紀的塞爾維亞帝國領有科索沃，尼曼雅王朝（Nemanjić dynasty）的烏羅什二世（UrošII）將在科索沃礦區所得財富投入興建教堂計畫：每一年一座，格拉查尼修道院即是其中之一，建築結合塞爾維亞式與拜占庭風格，最不能錯過教堂內部保存良好十四世紀壁畫，有身著黃袍烏羅什二世手抱修道院模型的模樣，也有尼曼雅王朝的家族樹狀圖，是UNESCO世界遺產保護遺址之一。

我的感冒有加重趨勢，如果再持續下去，往後的旅程可能得拖著破病之軀，路旁剛好有一家紅十字標誌的藥局，於是我走進藥店買感冒藥，藥師不懂英語，我做擤著鼻涕狀，又指著喉嚨，藥師拿了一罐馬其頓史高比耶製造的藥瓶給我，感謝這瓶藥，在離開科索沃之前，我的感冒已經痊癒了。

找到一家小店吃午餐，點了巴爾幹式漢堡：Q皮帶筋的漢堡包夾幾顆肉丸和蔬菜，灑上一點都不辣的辣椒粉片，坐在窗旁享受午餐。用餐完畢，正準備離開時，突地有人操英語說：「How much you paid?（你付多少錢呢？）」我才注意到店裡還坐著剛才在教堂前拍照的中年紀外國人，他是定居菲律賓的法國人，科索沃是他第一百三十一個旅行的國家，因他長年的旅行，故習慣以各種方式了解物價，以防當地人對外地旅客拉抬價錢，他一再重複抱怨：「所有人都以為白人很有錢！」

他有收藏各國錢幣的嗜好，所以他向小吃店老闆娘兑換塞爾維亞幣，科索沃通行歐元，唯有在少數的塞爾維亞族村莊，可通行塞幣。老闆娘好奇我們這兩個外地人的背景，當我表明我從臺灣來時，她用零星的英語，卻言簡意賅地切中重點：「Taiwan, problem; Kosovo, problem！（臺灣是問題，科索沃也是問題！）」

當你遊歷歐洲大國或美國時，許多人沒聽過臺灣，更多時候是把臺灣（Taiwan）誤會為泰國（Tailand）。反而歐洲邊陲巴爾幹國家對臺灣不陌生，馬其頓和臺灣建交至斷交

・科索沃郵票明信片

（1999-2001年）在巴爾幹鬧得滿城風雨；2008年科索沃獨立，臺灣因其政治立場（陳水扁當政），首先發表祝賀詞恭賀其獨立。臺灣與巴爾幹相似之處是極欲加入國際社群，前者屢叩關聯合國，後者則絞盡腦汁進入歐盟，臺灣屢受中國打壓，巴爾幹則受希臘等邊緣歐盟國反對。同身為小國，又不受國際認同，同是在族群紛爭下形塑「國家認同」，同是具「問題」的地區。

我和法國人就待在路旁，等候回普里斯汀納的巴士，一台滿載下課人潮的巴士停靠，我們擠著貼上去，下了公車，我們先去郵局，因為法國人的兄弟已經過世，他認為應該一年至少一次回法國陪伴姪子，他走遍各地為他的姪子蒐集郵票，先買當地的明信片，在背面貼滿不同郵資的郵票，再請郵局蓋上郵戳，製作出不錯的紀念品。然後我們搭乘四號環城巴士回旅館，車外雨直瀝瀝下，他訴說著申請烏茲別克簽證的困難，等了三個禮拜，一直沒有核發，經由法國使館單位的施壓，才拿到簽證。如果他是臺灣人，他會感謝他的政府有「主權」可施壓。不過因為他是法國人，他永遠不明瞭我們這些無奈。

普里斯汀納無啥可觀，卻是一個讓人不斷迷路的城市，法國人和我坐過站，又折回頭，在雨中，我們一前一後而行，看著他的背影，我一直在想，以後我會不會如同他一樣，一人走往各個國家，背包夾帶著幼時小絨毛兔，跟後輩晚生說著遊歷各國的經驗，那時候的我，會用什麼口吻訴說呢？

・法國旅人背包總放置一隻小絨毛兔

明天終於可以逃開這殘缺的城市。

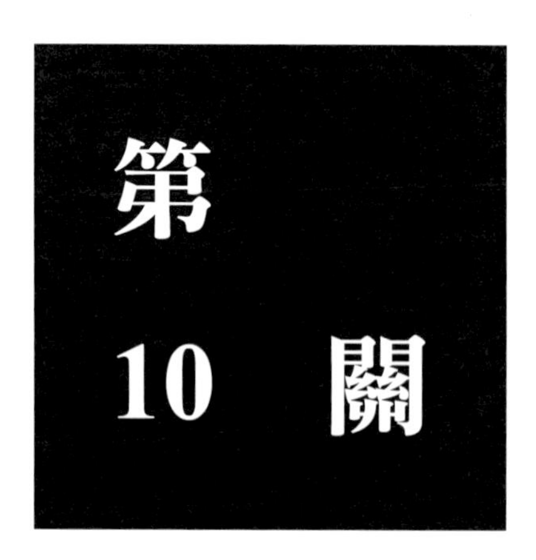

# 第10關

## 普里茲倫閒晃

普里茲倫（Prizren）處科索沃西南方，相較於首都普里斯汀納城市的灰暗，普里茲倫是宜人的小鎮，樓層突出的土耳其房屋建築林立於狹小蜿蜒街道，此處保存鄂圖曼土耳其帝國舊風遺俗，土耳其語是僅次於阿爾巴尼亞語的語言，到處可見土耳其文商標和販售土耳其甜點。1998年塞爾維亞對科索沃施以軍事行動，普里茲倫雖逃過戰爭的破壞，但當1999年阿爾巴尼亞族返鄉後，對塞爾維亞族進行報復，焚燒劫掠塞爾維亞族的房屋，所以漫步在普里茲倫，常常在不經意的轉角瞥見一幢幢毀敗的房屋，或牆磚屋瓦裂壞，或用鐵網環繞，令人怵目驚心。

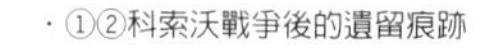

・①②科索沃戰爭後的遺留痕跡

①

②

雖然普里茲倫具備觀光景點的要素：歷史古蹟、多層次的文化、迷人的小店等等，但因位於科索沃，鮮少遊客拜訪，我本欲按圖索驥參觀景點，或是著實找不著，或是關門不對外開放，不得其門而入，只好作罷！於是隨興晃晃這小鎮，金銀絲細飾品商店充斥，販售婚禮用品、飾品等，另外還有手工製作的鐵鋁錫容器用品商店，偶有路邊攤販售科索沃紀念品、阿爾巴尼亞音樂錄音帶等，甚至還有一家中國女孩開的包包店。

唯一我在普里茲倫參訪的博物館是普里茲倫聯盟博物館（League of Prizren Museum），原受塞爾維亞人武力破壞，而後經過修復，成為博物

・路邊攤販售科索沃紀念品

・普里茲倫聯盟博物館

・阿爾巴尼亞族的傳統服飾

館，之所以取名為普里茲倫聯盟在於1878至1881年間，此建築作為普里茲倫的阿爾巴尼亞聯盟行政辦公室，此聯盟訴求脫離土耳其統治，建立阿爾巴尼亞民族國家，普里茲倫成為阿爾巴尼亞民族覺醒的重要場域。博物館以庭院為中心，右為兩層樓建築，左側為主建築，展示阿爾巴尼亞族的傳統服飾。當然還有聯盟相關資料，但缺乏英文說明。

俯瞰普里茲倫

堡壘（Kalaja）是推薦必至行程，因其為俯瞰普里茲倫鎮景的最佳位置。不過不容易找到前往堡壘的路徑，既無指標，地圖也不詳盡，必須詢問當地人，方不至於繞著原地打轉。我循著整修過的小徑，往上走，據聞此堡壘建於六世紀，現今只殘餘衰毀城牆，雜草布滿牆垣，自成小徑，可環繞城緣行走。堡壘正方可瞭看普里茲倫鎮景，走至堡壘後方，則見荒蕪山脈。

走回鎮中心，路旁有人在玩桌牌，我湊上去瞧熱鬧，四個人圍一桌，牌子是以圓點構成的數字單位，從一到六，似乎要輪流連接湊到一定的數字，我似懂非懂，其中一名圍觀者邀請我至他的店參觀，他是錢幣蒐藏家，他從玻璃展示櫃取出珍藏的硬幣，細細盡數其典藏，最遠可推到土耳其統治時期，他還驕傲地說他將孩子送到劍橋（Cambridge）英文學校，這不是英國劍橋大學，而是以劍橋為名的英文教學補習班。《科索沃海明威讀書俱樂部》（The Hemingway Book Club of Kosovo）的作者即是陪同夫婿來到科索沃，在劍橋英文學校擔任英語老師。在科索沃，中產階級以上的家庭才有能力付學費學習英語，他們相信學會英語，是通往美國、英國，甚至全世界的美好基石，故我能了解為何這名蒐藏家頗得意的神色。

告別了錢幣蒐藏家，我又再一次迷路，找不回旅館的路，我常常懷疑是我方向感不好，還是我喜愛迷路後的尋尋覓覓與不期而遇，我遇到一群十三、十四歲剛下課的阿爾巴尼亞青少年，我向他們問路，他們一窩蜂地熱切引領我，途中，他們問我：「你結婚了嗎？」

我結婚了嗎？我有小孩嗎？這已經成為我巴爾幹旅途的基本款問題。阿爾巴尼亞人對女性的期待依然不脫於家庭範疇。對第一次見面的外國人詢問怎樣的問題，可看出該民族文化的關心重點。

在巴黎遇到的法國人問我：「你有參加過罷工嗎？」

波蘭人問我：「你相信上帝嗎？」

中國人問我：「為什麼你不說你從中國來？」

至於英國人，基於害羞或冷漠或保持距離的個性（英國人自視害羞，不過冷漠應是最大因素），他們不會問你任何問題。

西班牙人則由於他們的嘴巴律動的頻率大過於腦神經傳達問題的速度，所以他們只顧著自己嘴巴張闔，來不及問你任何問題。

這群可愛的孩子，最後也找不到路，一名巡邏的警察路過，好奇為何一群孩子圍著一名亞洲女性嘰嘰喳喳地呱語，前來解圍，才幫我找到旅館。我喜愛這樣相互交錯的微光，他們的年紀未經歷過塞爾維亞施行種族清洗，目光沒有警戒，也沒有仇恨，是我在科索沃看過最童真自然的神情，他們的臉龐也一直停留在我的記憶裡。

已旅途十日了，我習慣一個人旅行，在巴爾幹，更漸漸習慣城市只有我一個旅行者。

# 第11關 你來錯地方了！

今天重點行程是佩奇主教堂修道院（Patriarchate of Peć）和德卡尼修道院（Dečani Monastery），前者位於佩奇（Peja）[1]，後者坐落於德卡尼（Dečani），兩者皆是東正教教堂，皆受聯合國義大利軍隊保護，以免阿爾巴尼亞族科索沃人將對塞爾維亞人的仇恨轉嫁到教堂本身。雖然科索沃的阿爾巴尼亞族對基督教不帶偏見，只是東正教教堂對他們而言是壓迫者塞爾維亞人的象徵，也不幸地成為報復的對象。

先至佩奇放好行李，馬上前往佩奇主教堂修道院，徒步從鎮中心至此教堂大約三十分鐘（前提是沒有迷路的話）。離教堂約二百公尺左右，有聯合國義大利兵駐守，教堂內的修女嚴格地把關拜訪教堂的人，阿爾巴尼亞人嚴禁進入，訪客先由義大利軍隊通

---

[1] 科索沃地名有塞爾維亞文與阿爾巴尼亞文不同拼法，例如：科索沃：塞語Kosovo、阿語Kosova；佩奇：塞語Peć、阿語Peja，目前科索沃境內當然多用阿爾巴尼亞語的拼音方式，但若是塞爾維亞之人事物，例如東正教教堂，依然維持使用塞爾維亞語拼音，另外國際上依然習慣使用塞語拼音科索沃。

．佩奇主教堂修道院

報修女，再視修女是否允許其進入教堂修道院參訪。

我遞交我的護照給義大利士兵，他們電話聯繫修女，但是無人接聽。等候同時，一名年輕的士兵好奇地翻看我的護照，被另一名階級較高的長官敲了他的頭，直斥不禮貌，然後取走我的護照，換他開始翻閱!!

他好奇地問我：「你有到過義大利嗎？」

「還沒有耶！」原來他們是在翻閱有無到訪義大利的出入境紀錄。

「你怎麼會來這種地方呢？你來錯地方了！你應該去義大利。」他開玩笑地說。

捨棄義大利、西班牙等歐洲觀光聖地，轉而到科索沃，一個族群紛爭，充滿聯合國駐兵的地方，他提出任何正常人都會有的疑問。我笑笑地，沒有多作解釋。

依然聯繫不到修女，義大利兵內部起了爭執，一方認為應該放我進去，因為我明天就離開科索沃了，一方認為應該按照規定，得到修女的應允後才可放行。我不斷釋放笑容，希望能感化那位冥頑，墨守成規的義大利兵。終於我方獲得勝利，我得到許可證，允許進入修道院參觀。

佩奇主教堂修道院建於懸崖邊，以石牆環繞，石、樹、水構成自成一格，兼具隱匿性與優雅風味的庭

・德卡尼修道院

院，是塞爾維亞主教的陵寢安葬之處。東正教雖以君士坦丁堡為大主教地位，有別天主教以羅馬為首，東正教各區教會教務管轄權上完全獨立，佩奇居塞爾維亞東正教教區領導地位，之後因土耳其統治，修道院逐漸沒落，甚至被迫關閉。直到塞爾維亞再度統治，佩奇重居塞爾維亞東正教的精神地位。

佩奇主教堂修道院內部教堂壁畫最早可追溯至十三世紀中葉，教堂內部壁畫主題不脫離「最後審判」等宗教故事，有趣的是亦繪有有主教手抱修道院模型的模樣，也有尼曼雅王朝家族樹狀圖，壁畫題材似難以創新。我剛好遇到修道院的修女，待我甚至和藹，可能因為我不是阿爾巴尼亞族吧！

走回佩奇鎮中心，轉搭公車至德卡尼，欲造訪德卡尼修道院，下了公車，最好還是詢問當地人，不至於有尋覓不著而後心生懷疑的困境。德卡尼修道院的神父有別於佩奇主教堂修道院修女對訪客嚴苛審查，他們歡迎任何人拜訪，即便是阿爾巴尼亞族的科索沃人。德卡尼修道院十四世紀由烏羅什三世（Uroš III）建造，他的經歷可以媲美美國影集《冰與火之歌》（Game of Thrones）的爭權奪利，錯綜複雜。年幼時被父親送往敵國做人質，回國後又與父親發生衝突，被囚禁了六年，雖之後當上國王，卻遭逢親生兒子起兵反叛，還被處死，烏羅什三世的遺願是將其遺體葬在德卡尼修道院。中古世紀塞爾維亞建築以此教堂為數一數二的宏偉，結合拜占庭和哥德式等元素，內部有大量且驚人的人物壁畫，但如同其他教堂，內部皆是禁止拍照。對東正教徒、天主教徒或阿爾巴尼亞的穆斯林而言，教堂內的烏羅什三世墓有療效力量，也因這特殊的地位，在鄂圖曼土耳其統治下，教堂仍深受官方保護。

有名男子因和塞爾維亞族的女子結婚，改信東正教，在晚上六點時將會有受洗儀式，親切的大鬍子神父熱切邀請我留下來觀禮。如果我留下來，我必須趕搭末班公車回佩奇，將會有安全的考量，我只好笑笑地婉拒，即使我多麼想把握機會觀看東正教的洗禮儀式。此時突然覺得厭煩一個女生的旅行，性騷擾的陰影一直不斷困擾著我，我股不起勇氣，征服恐懼的方式就是面對它，可是我疲憊地不想釐清。

步回大道，利用等公車空檔，前去郵局寄明信片，科索沃畢竟不是觀光勝地，德卡尼郵務人員翻箱倒櫃終於找到「兩張」明信片供我購買，寄一張回英國給朋友，寄一張回臺灣，原本認為郵遞可能曠日廢時，沒想到在我回英國和回臺灣之前，明信片皆已送達。

再次回到佩奇，走進一家普通的餐館，店內只有一桌男子正喝酒聊天，我點了一份漢堡外帶，不過已經沒有漢堡皮了，除了漢堡，我沒有任何其他阿爾巴尼亞語食物的詞彙，只好訕訕地欲離開。但店裡圍桌飲酒的男子叫住我，吩咐廚師為我準備一份烤餅，內夾雙層肉，免費提供我外帶。原來他是該店的老闆，他非常熱情，頻頻邀請我至他在佩奇經營的旅館住宿，一切是免費。同桌還有一位挪威人，已經在科索沃住三個月，樂不思蜀，沒有一點想回挪威的念頭，他認為阿爾巴尼亞是很美好的地方，因為以往是共產主義的國家，造成歐洲人對其不瞭解而產生誤解，將之蒙上一股神祕的面紗。店主人與挪威人邀請我至他們晚上的派對，其實我很想參加，可是我在普里斯汀納受到性騷擾的經驗又再次讓我怯步，我為我自己的膽怯與對他人的不信任感到惋惜，但又無可奈何，只好拿著手中溫暖的烤餅，一再跟他們道謝，踅步走回到旅館。

明天我要離開科索沃，計畫前往蒙地內哥羅，俗稱黑山共和國，怎知未來我的旅途又再次迂迴多舛！

# 第12關

## Hello and Goodbye 蒙地內哥羅

‧前往蒙地內哥羅的路上，蒼白山石斜矗

坐在雙層巴士上層第一列左方靠近窗戶，也就是駕駛座的正上方，我正搭乘前往蒙地內哥羅，俗稱黑山共和國的巴士上。

十點七分從科索沃佩奇出發。沿途我不斷拍照，山中景致蒼白山石斜矗，稀疏雜草樹枝點綴。

十點五十分出科索沃邊境海關。

十點五十五分停靠在蒙地內哥羅邊境海關，海關人員上車收取護照，走到我旁邊，開玩笑地手比駕駛狀，仿似駕駛員逗我。

十一點十分依然停留在蒙地內哥羅邊境海關，隨車的收票員步向海關，不斷和海關人員嘀咕，一邊用眼角餘光瞥向坐在上層前排的我。

十一點二十分，整車約三十個人，就我單獨被請下車，和海關「談談」！我下了車，山上的冷意讓我微微抖縮，在眾目睽睽，滿車科索沃人好奇眼光投向我之下，我走到海關邊境小房子。

「你來自臺灣？你有簽證嗎？」一名魁梧壯碩的人員，隔著窗戶質問我。

「臺灣入境蒙地內哥羅不是不用簽證嗎？」我反問。出發前，一邊忙著寫論文，一邊忙著辦理巴爾幹旅行簽證，查看前人的經驗，入境蒙地內哥羅應是不用簽證。在忙碌之中，我也就沒有再次的查證，收拾行李，匆匆上路！

「我們已經打電話回去詢問，他們還在確認，你再等一下。」他回答。

等待永遠是難熬地，秒秒分分的不確定，寒風吹著頭髮，另一名海關人員詢問我是否有多攜帶厚重外套。我搖搖頭，他用哀憫的眼色瞧我，然後默默離開。

十一點二十八分，海關人員終於掛掉電話，然後搖搖頭，說：「很抱歉！你需要簽證才能入境，很抱歉！」

「那…那…我現在……該怎麼辦？」我驚訝外加難過地開始結巴。

「我們無能為力，你只能等下一班回科索沃的巴士」海關人員毫不留情地回答。

十一點三十分，我的行李被拋下車，巴士收票員向我說聲拜拜，雖然我不知道這聲「拜拜」有無實質的涵義。巴士噗地往前駛，就我一個人佇立在蒙地內哥羅邊界，三、四位海關人員躲在小木屋。我一點也不知道何時有下班巴士回科索沃，就待在外頭瑟縮吹著冷風。

五分鐘後，有一輛私人轎車出境蒙地內哥羅，欲前往科索沃。海關人員將之攔下，對之嘀嘀咕咕，駕駛者瞄了我一眼，然後點點頭。海關人員迅速把我的行李放在私人轎車後車廂，把我推上前座，說：「他會把你載回科索沃！」碰地將門關上，駕駛是一位四十多歲的壯年男性，後座還有個約莫八歲的男孩，不知是病痛或是懶睡，整個人軟綿綿地躺著，霸佔整個後座。駕駛不會說英語，我們無言地瞪視前方的路頭，蜿蜿蜒蜒的山坡陡路，搖搖晃晃的車子急馳，我開始覺得頭暈不舒服，再加上一股悶氣，著實令我想吐，但我又沒有辦法用阿爾巴尼亞語向駕駛說明，我只好忍著吐意，一路沉默直到科索沃巴士站。駕駛下車，從後車廂拿出我的行李，和我握握手，我忙不連跌地說：「Faleminderit! Faleminderit![1]」

下了車，呼吸新鮮的空氣，暈眩感消失了。我和我的行李孤立在街頭，不知何去何從。科索沃鄰近塞爾維亞、蒙地內哥羅、馬其頓和阿爾巴尼亞，前兩者我沒有簽證無法進入，馬其頓我只能單次入境[2]，現在唯一的選擇就是提前前往阿爾巴尼亞了！

詢問巴士站小姐，是否有到阿爾巴尼亞首都地拉那（Tirana）的巴士。她先用質疑的眼光看著我，然後說：「蒙地內哥羅？」她記得我有買去蒙地內哥羅巴士的車票。唉！再一次，我沒有辦法解釋，只好搖搖頭，再次詢問是否有前往地拉那的巴士，慶幸的是，每一天有一班巴士，不幸的是我必須等到晚上六點。佩奇無啥可觀，這中間我該拖著行李去哪裡呢？

我先去泡網咖，尋找阿爾巴尼亞住宿旅遊資訊，然後在巴士站看書，最後開始拍攝巴士等候台殘破的景觀與棲息的鳥類。還應付許多奇怪搭訕男子，不過也因為他們的幫忙與指引，我順利在晚上六點搭到前往地拉那的夜班巴士（巴士是停在車站外頭接客，沒有駛進巴士站）。

今天沒有任何參訪旅遊景點的收穫，但卻得到被拒於海關，遣返科索沃的難得體驗。

---

[1] 阿爾巴尼亞語的「謝謝」之意。

[2] 現今臺灣人至阿爾巴尼亞、馬其頓、蒙地內哥羅都已免簽。

# 地拉那的臺灣噴泉

清晨五點半終於到達地拉那，甫下巴士，縮縮脖子，拉緊外套，抵禦涼意，疲累的我還來不及觀看地拉那清晨，三、四個計程車司機圍繞著我「TAXI? TAXI?」不斷地詢問。拿出我之前預定的旅館地址資訊，似乎沒有人知道，一名司機略知英文，拿起手機撥打給旅館，方順利找到旅館，旅館是一般阿爾巴尼亞公寓，以一、二層樓作為小旅館，老闆先帶我到一間尚在裝潢的雙人房間，讓我休息，告知明早八點幫我換房。關起房門，我一倒頭就趴在床上塌睡著了。

八點多，旅店內的人語聲將我驚醒，揉揉雙眼，拿了我的行李，步出房門，換了在二樓的單人房，梳洗一番，準備出發探索第三個巴爾幹國家－阿爾巴尼亞。經過櫃檯時，剛好看到一名年約六十歲美國人向老闆要求換房，他懷疑上個房客抽煙，導致房間內部充斥煙味，而他的氣管不好無法忍受。我和他道一聲嗨，步出旅館，探訪阿爾巴尼亞的首都——地拉那。

不論是臺灣、美國，聽到阿爾巴尼亞，都會納悶這是位在何處？出發前，一名美國人聽我計畫前往阿爾巴尼亞，還開心炫耀其地理知識，說是位在非洲的「阿爾及利亞」；另一法國友人則說阿爾巴尼亞是「鬼魂國家」（ghost country），位在歐洲，但大部分歐洲人（他指的應該是西歐）根本不知道阿爾巴尼亞內部發生什麼事，如同鬼魂般捉摸不清；對於臺灣人，若聽過阿爾巴尼亞，印象應該是將中華民國踢出聯合國的提案者，此仇不共戴天的中共同路人。

阿爾巴尼亞在巴爾幹半島近代史上有著獨樹一幟的境遇，在鄂圖曼土耳其統治時期，相較其他巴爾幹地區，相當高比例的阿爾巴尼亞人改信伊斯蘭教，阿爾巴尼亞也是現今歐洲地區唯一以伊斯蘭信仰為主的國家。當鄂圖曼土耳其帝國控制力減弱，阿爾巴尼亞趁勢尋求獨立，利用國際縱橫捭闔局勢，謀求列強支持，終於獲得獨立[1]。雖獨立，事實上仍處分崩離析狀態，沒有強而有力的中央政府，二戰結束後，共產黨趁機掌握政權，實行共產專制，由霍查（Enver Hoxha）掌政，特殊的是霍查陸續與蘇聯、中國等共產國家絕交，且邊境碉堡愈建愈多，將阿爾巴尼亞隔絕與外，成為陸上島嶼，內部更加貧窮、瘋狂，可謂「歐洲版的北韓」，霍查死後六年，人民突然清醒了！國內大大小小的霍查銅像被推倒，屍體也被挖掘出來，霍查從至高崇敬的前領袖，成為人人批之的亂國者。阿爾巴尼亞逐步改革開放，經濟漸漸回

---

[1] 巴爾幹戰爭爆發（1912-1913年），塞爾維亞、保加利亞、蒙特內哥羅與希臘聯合對付土耳其，也試圖瓜分土耳其在巴爾幹殘餘土地，包含阿爾巴尼亞。阿爾巴尼亞於是利用奧國與義大利不願塞爾維亞與希臘的擴張，謀求列強支持，終於獲得獨立。

・史坎德貝格廣場，右前方是史坎德貝格雕像

溫，歐洲最後一個共產國家終究走入歷史。

地拉那以史坎德貝格廣場（Skanderbeg Square）為中心，史坎德貝格（Skanderbeg, 1403-1468）是阿爾巴尼亞的民族英雄，雖然阿爾巴尼亞人一方面或自願或被迫與土耳其高度合作，獲得賦稅優惠，另一方面也頻頻反動抗爭，史坎德貝格以統合阿爾巴尼亞部落，英勇抵抗土耳其人二十五年的事蹟著稱，被高度推崇。廣場東側是國家歌劇院，劇院右外側旁有一間專賣英文書的書局，內部有許多介紹阿爾巴尼亞文化、小說等英文書，再往南走，看到許多吉普賽裝扮的羅姆婦人小孩在艾坦貝清真寺（Et'hem Bey Mosque）外乞討，在阿爾巴尼亞，羅姆人是僅次於阿爾巴尼亞人的第二大族群，1967年，阿爾巴尼亞共產政府禁止宗教崇拜，成為世界上唯一無神論地區，教堂和清真寺被拆毀或是改為倉庫等其他用途，直到1990年，宗教禁令才解除，艾坦貝清真寺是碩果僅存十八世紀的清真寺建築。

當看來往進出清真寺的人是頭盤髮巾的伊斯蘭教徒時，我心生懷疑是否能夠順利入門參觀呢？往自己的頭上盤繞在倫敦買的印度咖啡色披巾，遮掩頭髮進入，守著大門的老人微笑歡迎我的進入，示意我脫鞋子。沿著狹小的樓梯，爬上二樓（唯有女性可以上

・①艾坦貝清真寺內的花草紋路壁畫
・②國家歷史博物館牆面上的社會主義現實藝術壁畫

二樓禱告，男性則在一樓），剛好有一名老婦，戴著黑方框眼鏡的她，專注於放在她前旁小桌的可蘭經，低頭喃喃覆誦祈禱，寺內的花草紋路壁畫令我驚嘆闔不攏嘴，跪坐的老婦突地看見我，示意要我闔嘴，並且用她的身體語言要求我也跪坐在紅底黑紋地毯上。

進入東正教教堂時，我會先用手筆劃十字架再踏進大門；步入清真寺時，我願意以圍巾包纏遮蓋頭髮，阿拉與上帝是一神信仰的共同產物，名異實同，我沒有宗教信仰，並不意味我是虔誠的無神論，我這個外邦人，寧可以小舉動親近他們的信仰，而非以理性觀批評。是故我依言跪坐，浸淫在清真寺的和諧誠虔氣氛。清真寺側旁為鐘塔（Clock Tower），是俯瞰地拉那中心廣場的最佳視野，也是我在阿爾巴尼亞唯一一次遇到亞洲面孔：兩個在地拉那經商的韓國人。

史坎德貝格廣場北方是國家歷史博物館，其牆高懸的拼圖壁畫可突顯社會主義現實藝術，內館有豐富的展覽品，包含史前文物、鄂圖曼土其其帝國、國家文藝復興與十九世紀的展示品，但展示品的標示說明非常差，大部分的物品缺少英文解說，很多文物連阿爾巴尼亞的文字解說也闕如。不過假如對阿爾巴尼亞的考古學或歷史有興趣的人，此地值得一遊。另外地

・①臺灣休閒中心與其前方噴泉
・②霍查女兒所設計的金字塔
・③地拉那的艷麗色彩房屋

拉那有一些頗具規模的博物館，卻乏人問津，參觀人數寥寥可數，導致收費系統的不完善，有些博物館從我進門到離開，櫃臺人員都忘記收費，有些則是在我參觀途中，突然冒出博物館員工，拿著收據要求收費，更有的時候是我主動站在窗口，掏出錢買票，他們才從抽屜翻找票卷或收據給我。更多時候，你可以隨意進進出出，不用付一毛錢。不過因為旅客不多，乏人問津，博物館開閉館時間有些時候是不確定地，常常有些博物館在正常營運時間卻是大門深鎖！

地拉那有一個臺灣遊客必參觀的景點——臺灣休閒中心（Tajvani/Taiwan），為什麼稱為臺灣呢？旅遊書說明此名稱是紀念側旁「輝煌的噴泉」的捐贈國家——臺灣。對此說法我是心生懷疑，畢竟阿爾巴尼亞與中共曾是換帖兄弟，當初臺灣怎會捐獻物資給敵人的朋友呢？後來我陸續在書上看到不同說法：此中心是公園內唯一建築，所以大家戲謔稱之為「臺灣」，象徵「孤島」含意。無論如何，這個景點的名稱為「臺灣」，再加上好奇旅遊書上形容噴泉「輝煌」程度，我特地尋找此「臺灣」，噴泉就位在大型的休閒中心的正前方。是個中規中舉的噴泉，無啥雕刻裝飾，其特別之處應該在於其規模在巴爾幹不算小吧！雖然有點失望，但我還是特地買了張噴泉照片的明信片寄回臺灣，作為此行的紀念。

步行前往金字塔（Pyramid），顧名思義，是金字塔式的建築，是由霍查的建築師女兒所設計，原本是霍查紀

念館，霍查倒臺後，現今則是作為會議召開之場所。開始漫無目的地逛整個城市，東走西逛，南行北繞，常常看到漆著艷麗色彩的房屋樣貌，據說是共產黨崩解後，人民特地將房子塗抹鮮亮色，以標榜其解放、自由與開放的氛圍。

在巴爾幹，我無時無刻感受兩件事情：一是民族主義；二是巴爾幹流行音樂。前者無庸置疑是巴爾幹獲得「歐洲火藥庫」的關鍵原因；後者是我切身經歷之痛，巴爾幹的嘔啞嘲哳流行音樂無孔不入，乘坐長途巴士時，我常常得經歷數小時的音樂轟炸，有些博物館內的服務員還攜帶卡式隨身聽，在館內隨時享受音樂。當我決定購買阿爾巴尼亞流行音樂的CD時，紀念程度遠遠大過於喜愛，找到一家CD店，CD店老闆建議我買線上紅牌歌手的精選輯，一張就足夠了！

CD店的老闆開始跟我聊天，當然是他們很在意的議題：民族。他強調科索沃和阿爾巴尼亞是兄弟，是一體或同源（one）。這種論述的方式很像中國以同文同種的論調蓋括臺灣屬於中國的一部分。民族主義強調文字、語言、民族的同種，是塑造民族國家的不二法門，民族主義也是

・阿爾巴尼亞流行歌手CD

分裂國家的最佳武器，一國境內的不同語言使用者或不同族群，往往會有不平等的對待，不平等激起他族的敵我意識，敵我意識對外能尖銳外來的衝突，對內強化同心力量，以往阿爾巴尼亞的教育是說科索沃屬於阿爾巴尼亞，現今則說科索沃和阿爾巴尼亞同一家，這兩種分類都逃不出「歸屬」的概念。

呼！疲累的一天，步回旅館休息，將鬧鐘調為四點半，明天想要搭車前往阿爾巴尼亞北部柯曼（Koman）欣賞河谷景觀。

# 第14關 克魯亞與美國老頭

早上五點多起床，十幾天的旅行，身體已經開始疲憊，頭腦沉甸甸，翻翻書本，幸好旅途中攜帶兩本小說，在許多不成眠的夜裡或早起的清晨，我能藉由閱讀排遣沉靜然不孤寂的旅行。趴在床上又昏昏沉沉睡到八點，醒來時已經來不及去阿爾巴尼亞北部柯曼，決定改前往鄰近的古城克魯亞（Kruja）。

旅館主人的媽媽和善地指引我方向，走出旅店巷子向，右轉跨越馬路，穿越約莫一五〇公尺的傳統市場後才到達公車乘坐處，約一小時的車程到達克魯亞。克魯亞是阿爾巴尼亞國族英雄史坎德貝格抵抗鄂圖曼土耳其帝國的古城，城堡外部的市集有阿爾巴尼亞最齊全的紀念品，數十家商店聚集販賣手工藝品。城堡內部有三個展覽館，歷史博物館（Historical Museum）、民族誌博物館（Ethnographic Museum）和多瑪寺（Dollma Teqe）。歷史博物館如同地拉那的金字塔建築，是由霍查女兒所設計，內部陳設史坎德貝格的英雄史蹟與阿爾巴尼亞抗土耳其侵略的歷史。民族誌博物館則是陳列一百年前克魯亞的生活形態樣式，例如製作

・古城克魯亞

・阿爾巴尼亞英雄史坎德貝格雕像無所不在

糧食與豢養家禽的工具和展列傳統衣飾。其二樓接待廳，早期只允准男性參與，女性只能從長廊窺看。而我尋尋覓覓找到多瑪寺，是伊斯蘭教內的特殊教派：拜克塔什教團（Bektashism）[1]的祈禱聖所，因四處亂石堆砌與雜草蔓生，我不得其門而入，只好黯然放棄。

搭車回到旅館已經六點半，在大門遇到昨早抱怨房間菸味的六十多歲美國人。

他異常興奮地說：「真高興遇到你，在這裡都沒有人會說英文。」

「事實上，我昨天在旅館有遇到一個加拿大人。」我回答。

「喔？你有跟他說話嗎？」他問。

「沒有，因為他的T恤上面寫著Canada，所以我猜想他應該是加拿大人，不過今天沒有遇見他，不知道是否已經離開。」

也許訝異我判斷人種的方式，他微微笑看著我。「妳待會有空嗎？我們應該一起吃個晚餐。」

[1] 簡化的說，伊斯蘭教有兩大教派：遜尼派與什葉派，前者認為穆罕默德的繼承人應由推舉產生，後者則堅信法統存續於穆罕默德的後代血脈。伊斯蘭教另有其他教派：蘇菲教派強調由自我心靈實踐可理解、靠近真主；拜克塔什教團採納蘇菲教派的修行方式，又融合部分遜尼與什葉派教義，拜克塔什教團的大本營即在阿爾巴尼亞。

・古城克魯亞是阿爾巴尼亞最佳購買手工藝紀念品之處

「當然沒有問題！」我很樂意跟不同的人認識聊天，雖然我不認為「英文」是認同的方式，特別這裡是阿爾巴尼亞，而非英語系國家。

他是Wayne，是活在以美國為中心強權的六十多歲美國老頭，為標準右派的保守基督徒，曾在越戰其間待在越南，現在是劇作家，遊歷世界尋找靈感，此趟旅行的終點是坐船到普吉島，停留一個月構思撰寫劇本。他帶我到附近有英文菜單的餐廳，因為他的年齡與經歷，帶有一副見多識廣的世故老練，整頓晚餐由他主導對談。他跟我說兩則傳奇，以點引我們聊天的話題。一則是據聞百分之八十的克羅埃西亞人有蒙古人種的後背骨。（用歷史演變角度分析，這應該不奇怪，當初蒙古西征，最遠攻達匈牙利，如果說蒙古士兵與當地人通婚並留下子孫後代的論證並不為過，但是要如何衡量出百分之八十的比例是另外一個問題了！）另外一則傳奇是據聞清朝皇帝的命脈祖墳是葬在香港，所以當初南京條約割讓香港，造成清朝國勢一厥不起。（這是很標準的以後見之名推導先經之事，不足為怪。）

可能他覺得我對這些話題的不甚興趣，他轉而提出其對臺海兩岸局勢的見解：「我覺得美國應該派遣軍隊駐守臺灣。」

「啥？」之前稗官野史的故事，我能推斷其成因，但我不懂為何他有此武力駐臺的倡議。

他試圖解釋更清楚，「我覺得美國應該派遣軍隊駐守臺灣。美國駐兵至臺灣，對中國是一個信號，告訴他們：美國在這裡，你們不可以接近臺灣。」

「可是臺灣有生活在上面的人民，如果美國想要保護臺灣，也許他們可以派遣艦隊加強巡邏，就像韓戰時的第七艦隊，你不覺得臺灣這塊土地是屬於居住在上的人民嗎？」我試圖提醒他：住在臺灣的不是美國人，美國人請不要侵入他人的領土。

他再次肯定強調：「就好像美軍駐南韓，美軍駐紮臺灣可以保護臺灣。」

我很想大聲呼叫，是怎樣的權力讓你覺得美國可以插手干涉，以安全或保護之名行霸權之實呢？若以他的邏輯論述，當初日本發動戰爭，日本派兵「進出」中國，為建立「東亞共榮圈」，不就是利益良善之美事嗎？美國「善意」派遣軍隊至亞洲，是不是另一種漁利之便？我不反對美軍駐臺，但若視之為正義的化身，不免令我嗤之以鼻。第一、二次世界大戰後，美國逐漸成為世界霸權，美蘇冷戰其間以自由主義為號召，將軍隊布置於越南、韓國等地，九○年代波斯灣戰爭的爆發，奠定或其自詡是「世界警察」的角色，將武力延伸到世界各個角落，各個需「嚴加看管」、「暴動潛伏」之「可能性」。披著正義之皮，行強權之實，實令人難服。幸好晚餐著實美味，稍平我氣憤之意。

夜色昏暗，與Wayne走回旅館，因他受不了地拉那路邊施工，灰泥滿佈，明早就要離開地拉那，前往南部海邊薩蘭達（Saranda），與他道別，回到二樓房間，再一次調整鬧鐘，告訴自己，明早一定要四點多起床，方能趕上前往柯曼的交通車，臨睡前，再一次告訴自己：「一定要早起！」

# 柯曼尼湖探險

天未破曉，清晨五點一刻獨自一人走向地拉那的無名游擊員雕像（Unknown Partisan），準備搭乘五點三十分前往柯曼交通車，再轉搭渡輪，穿越柯曼尼湖（Lake Komani）至費爾澤（Fiezra）。這一趟北部阿爾巴尼亞之起因，在於旅遊書上的一句話：「沿著柯曼尼湖之旅程可稱為世界經典乘船航行之一。」既然我提前三天來到阿爾巴尼亞，勢必不能錯失這世界經典航行。

無名游擊員雕像被環狀花圃圍繞，周遭施工，泥土石塊雜錯堆砌，除了我之外，只有兩輛計程車停泊在其旁，詢問計程車司機是否知曉有前往北部柯曼的交通車，兩人嘰嘰呱呱地討論，似乎都不知道，左等右等，時間已經超過五點半，偌大的街上偶有幾輛交通車駛過，內心開始後悔，前一天應該先詢問確切的搭乘地點，不該只查詢網路就興匆匆地前來，這裡的交通車非常多種，有大型的巴士、箱型車，或是完全沒有任何標示，只有阿爾巴尼亞人能夠辨認的交通車。

看看錶，已經五點四十分，前往柯曼

的交通車沒有一點現蹤影的跡象，只好樂觀地想，也許早起可讓我好好欣賞柯曼的朝晨。路旁計程車司機的著急程度遠遠大過我，堅決地要我坐上他的計程車，載我到鄰近的巴士站尋找前往柯曼的交通車。

「不用錢！不用錢！」他打開副駕駛座車門，示意我坐上去。遲疑三秒，冒險心態大過於理性思索下的恐懼，腦袋中轟然出「何不？」二字，我不做二想，一屁股坐上車。

他以高速在地拉那市區奔馳，每到一個客運公司，他就下車詢問，不過大部分的人都不知曉哪裡可以搭程前往柯曼的交通車。直到第三家公司，計程車司機甫上車，就說「柯曼……小巴……」，然後手指著前方，再將手掌攤平朝下，要我安心。驀地踩著油門，一溜煙往前飆。他行車的方向似乎駛離地拉那市區，我不禁納悶：他是要載我到柯曼嗎？這可是數小時的里程耶！瞧出我的懷疑，他一邊再次強調「柯曼…小巴…」，一邊腳上的油門加緊地踩著。

車子漸漸駛離市區，每經過一輛巴士或箱型車，他就緩踩油門瞄望，原來他在追前往柯曼的交通車。約經歷二十分鐘以高速風馳電掣，他突地煞車停在公路旁，停在一輛擋風玻璃左內方懸掛著KUMAN地名的箱型車前方，我們趕上交通車了!!!好心計程車司機不收任何分文，只厚實誠懇地與我握手，就急忙推著我上柯曼交通車。

柯曼交通車的司機，也是典型的中年阿爾巴尼亞男子，粗壯的身材，古銅偏黑的皮膚，操練風霜的臉孔，在擁擠的車上，硬是在前座撥個位子給我，讓我享有最佳的視野，側旁還有一個母親摟著約莫七歲的男童坐在大腿上，九人座的箱型車，塞著十三、十四人。當我一入座，打量的眼光不約而同地投射過來，我不斷保持嘴角上揚。我想：這段旅行可能是我二十七年生涯中維持微笑的高峰期，除非以後還有其他機會前往非洲或中南美洲獨自旅行，方有突破紀錄的機會。

我的旅遊書中彩色圖片與地圖是最佳溝通工具，我拿起旅遊書指著地圖，表示我已經去過馬其頓、科索沃，然後到阿爾巴尼亞，司機微笑搖搖頭，然後用手掌大力拍了我的大腿，一副不可置信的臉色，他內心應該OS：「這個瘋女生！」。

旅途中，一整車的人展開中國與臺灣大辯論，雖然我聽不懂，但不斷聽到前座後座一片「Taiwan」和「Kinë（中國）」的單字，我使用最簡易的阿爾巴尼亞文加上肢體語言，傳達我的意見，先用左手筆畫一個很大的面積示意為「中國」，用右手大拇指和食指圍著小不隆冬的區域表達「臺灣」，再兩手分離表達兩個「國家」屬於不同的體制系統，他們微笑點頭，表示瞭解。

十點多終於到柯曼的岸頭，岸頭已停靠一艘小型不起眼的渡輪，許多人正上上下下搬運著行李。我向司機道謝提著隨身包下車，正徬徨該如何購票搭船時，同車後座一名約莫三十歲女子走進趨向我，開口問：「Vous parlez Francais?（你說法文嗎？）」

「Un peu, mais my English is better.（一點點，但我的英文比較好）」沒想到我蹩腳的法文可派上一點用場。

她眉頭緊縮，用不甚靈光的英文說：「Next time never come here alone. It's very dangerous. People here isn't friendly.（下次不要一個人來這裡，非常危險，這裡人們不友善。）」

她嚴肅的神情讓我想噗嗤一笑的慾望從嘴角縮回喉嚨，next time（下次）是多麼虛無飄渺的字眼呀！不過她給我的警語，讓我疑惑，為何這裡給人不甚友善的印象呢？

她是阿爾巴尼亞國小老師Diana，下嫁給科索沃的阿爾巴尼亞男子，夫婦兩人也要搭船至費爾澤，然後再銜接巴士到科索沃。於是她帶領我搭船，船隻比我想像地小很多，船艙的大小只能容納約三十五人，應是補漁船改良，木椅簡單的固定，Diana保護著我走進船艙，讓我坐在右側靠窗的位子，她與她的丈夫坐在我左側旁，呈現捍衛我這異鄉人的姿態。

「為什麼你會來這裡？」Diana詢問我。

很難回答的問題，我告訴她：「因為旅遊書說這裡是世界經典航行之一」

「書本的內容是行銷。」她不以為然地撇撇嘴。

・①船輪上的飄泊阿爾巴尼亞成年男子
・②柯曼尼湖景
・③下了船的人們，其家園隱身於何處？

其實人們最常忽略是周遭的風景，景致的實有在於被欣賞，而非在於存在。船艙的窗戶緊閉著，艙內鬧哄哄地人聲喧嘩，我試圖打開窗戶，從餘縫窺探景致。船長走過來收取船費，好奇的打量我，問我：「為什麼你會在這？」我只好再次搬出旅遊書對此航行的褒獎。豪氣的船長馬上邀請我到第二層甲板欣賞風景，甲板沒有任何一個女子，除了一名八歲的男孩，其他都是阿爾巴尼亞成年男子。我喜歡他們！他們有種飄迫的浪子義氣性格，寡言冷靜，眼神之風霜犀利，義之所在，情之所存。我還著迷阿爾巴尼亞男子表達感激的方式，他們將右手微握拳，停放在其左胸口數秒，用心臟血脈撲動道出無言的謝意。相較於日本人展現其感激時，頻頻鞠躬，難免謙遜過多，流於哈腰之姿。

河谷景觀可謂奇景，陡峭山壁層層疊疊，河湖切割構出一片片風屏遮片，河道彎彎流流，船似行至盡頭，轉圜迂行，又見一片河湖。更令人訝異的是其沿岸人家生活，家園離岸數小時，上岸後還需行走些許小時的路程，方見家園，過著離群索居的生活。

船長向我解釋今天是不可能回到地拉那，沒有任何船隻在下午起程回航，我勢必要在阿爾巴尼亞北部巴依拉姆楚（Benjram Curri）留宿一晚，即使我沒有攜帶任何換洗衣物。下船向Diana夫婦道別，轉搭至巴依拉姆楚的巴士，司機很像電影《星際戰警》（MIB）裡面的外星人，頭大脖子細，眼睛兇狠直楞楞地，對待乘客的態度彷彿巴不得他們趕緊下車滾蛋，我唯一的防衛就是微笑，微

· ①巴依拉姆楚小鎮
· ②中年男子聚集打牌

笑，再微笑，展現無比的善意，換來是最大音量的阿爾巴尼亞流行音樂與不斷邀請我喝咖啡。

巴依拉姆楚小鎮是阿爾巴尼亞東北部的特羅波亞區（Tropoja）的中心，特羅波亞區靠近科索沃，阿爾巴尼亞首都地拉那與此地反而鞭長莫及。巴依拉姆楚小鎮是共黨統治時期刻意興建的鎮區，小鎮只有一條約莫一五〇公尺的擺攤販售雜貨主街，當我站在街頭，人聲剎時停止，每個人停止手邊的活動直盯著我打量，頭部隨著我的走動幅度調整其角度，直直地瞧，好奇但沒有惡意。這是愜意的小鎮，年輕人在街上閒晃，或中年男子聚集打牌，然而有些許大型警車（類似裝囚車的大小）不斷在街上來來回回，警戒著小鎮。翻翻書，我瞭解為何Diana認為這裡的人不友善了！在共黨統治時期，阿爾巴尼亞與南斯拉夫割斷關聯，關閉邊境，導致此處民不聊生，為謀生存，在九〇年代是惡名昭彰的犯罪與走私集團窟巢，暴力案件層出不窮。然近年來，制服警察加強巡邏，治安大為改善，方使得暴力肅殺之氣大為降低。我的一番無知，反而讓我到來到這看似無波，實則暗流洶湧的小鎮。

夜晚，躺在旅館床上，想著今天種種機運，如果我不曾兜這一圈，是否會減少我生命的可看性呢？

# 第16關

# 驚豔的晨暮山景

昨天船長熱情邀約我再搭船回程，但我跟旅館打聽另有交通車直達地拉那，決定採不同的方式體會阿爾巴尼亞風光。清晨五點半從巴依拉姆楚坐交通車回地拉那，盡覽美景饗宴，目不暇給，危恐一眨眼，景色光線的變轉不等人。不願讓手裡的相機放下，但又嫌棄鏡頭只能捕捉吉光片羽，無法盡收眼底風光，最後只能貪婪地攫取烙印在腦裡。

旁邊坐著一個年約四十五歲的太太，因長期工作日曬，臉色焦黃，手掌沾著黑烏烏的，似甚難搓洗淨。當車子八點多停靠在餐館時，她主動幫我點了米飯。米飯以碗型倒扣，米型圓飽，硬度介於白米飯與稀飯之間，比想像中的Q軟，摻佐粗鹽和不知名的黃素材提味，沒有炒飯的油膩。我掃盡一盤米飯後，身旁老婦嘰嘰咕咕地對我說了一連串話，基於禮貌，我微笑點點頭，雖然我絲毫不懂她在說什麼，沒想到五分鐘過後，服務生又上了一盤米飯！我只能撐著肚子，將眼前巨碩的米飯默默地吞進腸胃。

車子搖搖晃晃回到地拉那已接近下午一點，六、七小時的車程實在折騰

・驚豔的晨暮山景

人，走至旅館，旅館媽媽非常高興地摟著我，一副不敢相信我的歸來，想必是今早整理我的房間時，察覺床鋪未更動的模樣，著實讓他們擔心了一陣子。

在地拉那的最後半日陰雨綿綿，提不起勁參訪任何景點，我就隨意走走，寄明信片回臺灣，然後就回旅館休息囉！

# 惱人的導遊在培拉特

傾盆大雨直下，我拖著行李，有賴警察先生的幫忙，我順利搭上六點前往培拉特（Berati）的交通車，雨勢順著南行漸緩漸停，八點二十分到達培拉特後，天氣已經放晴了！

培拉特是阿爾巴尼亞最古老城市之一，主要以三大部分構成：城堡區（Kala）、位於奧蘇姆河（Osumi River）右岸的曼加連區（Mangalem）與左岸的葛利卡區（Gorcia）。1967年阿爾巴尼亞仿效中國，興起一波波文化大革命時，培拉特有幸於被指定為「博物館城市」，免遭受破壞與都市計畫的改造。

培拉特的城堡於四世紀開始興建，為了捍守奧蘇姆河，在山丘建築城牆守備。順著城堡街道（Rruga e Kalase）的鵝卵石石板鋪路往上走，輕易可到達城堡區。此處城堡內部原有四十二個拜占庭教堂，現殘存八座，沒有一處大門為遊客敞開。於是我在城堡內部石道小徑漫步，或立於制高點俯瞰奧蘇姆河，或徘徊民宅外部，追趕巨碩的雞隻，並發現一個在石牆畫製龍門所形成的足球場。

行至大門口，本欲離開，正好遇到英

國團參觀，英國籍與阿爾巴尼亞籍兩位導遊見我孤身一人，極力邀我同他們參觀。團員皆是上年紀的老公公、老婆婆，我覺得甚是有趣，故欣然同意。我們先到奧努夫里博物館（Onufri Museum），除了蒐藏十六世紀阿爾巴尼亞畫家奧努夫里所繪製的聖像畫，內部還有一座教堂，其木飾雕刻的聖幛（iconostasis）甚為精美，是拜占庭藝術研究者必到之地。對基督教教義有粗淺認識的人，看到聖像畫或是聖幛上一堆聖者雕像，一定會納悶為何有偶像崇拜呢？聖像在東正教非常流行，聖像存留與否的確引起多次論戰，歷史上也曾有過數次破壞聖像運動，然而世俗人們需要眼中可以看到、甚至可以撫摸的對象，以茲療癒，畢竟宗教哲理並非一般人民容易親近或領悟，最終還是由主張保存聖像一派獲得勝利，所以現在參訪東正教教堂，就看到遍地猶如分靈體般的聖像！

・奧蘇姆河

我們再依序參訪聖海倫娜教堂（St. Helena）和聖尼古拉斯教堂（St. Nicholas），此處的教堂只有在其命名的聖人紀念日才開門，畢竟東正教教堂在阿爾巴尼亞不是他們日常生活

・英國老人旅遊團

・聖三一教堂臨崖而建

的信仰中心，因為旅遊團的參訪，守著鑰匙的居民匆匆忙忙趕來開門，我方有機會一探內部。而此處最古老的教堂是十三世紀的聖三一教堂（Holy Trinity），建於堡壘臨邊，依傍山勢，故形成山景建築相合的景致。我們還參訪城堡內部的貯水槽，深不見底。據一位英國老先生說法，在西亞地區，他亦看過類似的建築。

因為他們是老年旅遊團，又是英國人，所以在城堡內部有四十分鐘的休憩時間，一些英國老太太和老先生圍繞著我，好奇一個女生怎麼會有勇氣一個人獨闖西巴爾幹呢？我想，我不是有勇氣，而是一種無知的天真，不知天高地厚的衝動，沒有辦法回頭，造就我這番闖蕩。

午餐回到我休憩的旅店享用，怎知又巧遇剛才的英國團，他們再次邀我乘坐遊覽車，與他們一同參觀培拉特，因不想被拘束，我選擇婉拒。不過倒是阿爾巴尼亞籍的導遊Ylber，約我晚上六點時喝咖啡聊聊，他會說流利的英文，我認為這是一個瞭解當地人的機會，故點點頭答應了！

中午進了房間休息，沒想到出門時，卻如何也轉不動房門，房門被卡住了！我的房間在二樓，四周靜悄悄，沒人聽得到我的呼喊，幸好有個小窗戶連接曬衣陽台，大小勉強符合我的體型，我狼狽地彎身伏趴，擠身穿越，再一頭散亂地跑到一樓向服務員抱怨，他連忙拿著鑰匙隨我到了二樓，轉轉鑰匙，用力一推，房門嘎聲打開，咦！我不信邪，我進入房間，將房門關上，示範從內部真的開不了門，房門的確沒有辦法打開，但這次服務生從外部也打開不了了！

·「千窗之城」培拉特

·阿爾巴尼亞中年男子釣魚

我又再次被困在房間了！那位服務生一直抿嘴忍住笑，看我從矮小的窗戶攀爬，我只好傻笑掩飾困窘與衣衫不整貌。

服務生忍不住好奇問我：「你是從哪裡來？日本？」

我小小聲地羞赧回答：「臺灣！」

我的窘迫樣態最後換來一間大套房……

下午就在曼加連區與葛利卡區走逛，房舍櫛次鱗比地蓋在岩坡，別有一番風趣！這些老房子也讓培拉特有「千窗之城」的美名。奧蘇姆河雖湍急且混黃，魚類資源似乎挺豐富，有人在沿岸垂釣，有人在河床打撈，我就臨岸觀賞一名阿爾巴尼亞中年男子釣魚，漸漸一堆人也靠攏圍觀，跟我聊聊天，好不愜意！

於奧蘇姆河捕魚的青年

晚上六點，Ylber帶我到英國團住宿的飯店，坐在餐廳喝咖啡，他還攜帶自家釀的拉克酒（raki）[1]。跟上了年紀的老男人聊天，通常淪為聽其叨念或誇耀其豐功偉蹟居多，堪稱中年男子的悲哀通病。Ylber開始絮絮叨叨：

「我生平有三個興趣：第一是語言，我懂俄語、德語與英語。另外，我蒐集筆，第三，我蒐集錶，因為我喜歡精確、精準，這可以代表一個人的個性誠懇⋯⋯」

「我被選為國際名人錄之一（international profiles of accomplished leaders），」他從口袋掏出一張證書信件，接著說：「我不是要炫耀，只是剛好攜帶在身上。」然後他攤開來逐字說明他被獲選的成就。

「金錢不是第一個衡量他人的理論，也不是唯一，還有很多看待人的方式，⋯⋯」

「我不喜歡時下的人，太過於裝扮矯情，我喜歡你的簡單。」

「我能從妳的眼睛看到純真。」

我猛喝拉克酒和咖啡，加以傻笑掩飾我的尷尬。我不懂阿爾巴尼亞男子的心態，他們只是純粹不作他想的直言，還是別有意圖拐彎抹角晃幾招探實虛呢？

---

[1] 巴爾幹地區非常流行的高濃度酒類，口感類似伏特加。

幸好，他必須和英國老人團一同共進晚餐，方能結束他滔滔不絕的談論。

「你晚上有要做什麼嗎？」他送我離開飯店時詢問。

「沒有呀！應該在旅館休息吧！」我老實回答。

「我們可以再碰面！我九點去找你！」然後他給我兩個結實擁抱轉頭就走，留下呆滯、不明所以然的我，什麼！九點我還要跟他再見一次面？

九點多，我坐在旅店的餐館，在筆記本上塗塗抹抹，直到九點四十分，Ylber終於滿臉通紅地出現，明顯一臉醉意。

「你是真的朋友，願意等待，你是真的朋友。」他大嗓門地說。

其實我不是願意等他，而是我擔心晚上一個人在房間被敲門打擾，只好勉強待在餐館等待。當他知道我兩天後要去薩蘭達，恰巧他也領引英國旅行團到薩蘭達，他又提議我們應該再見一次面。想當然爾我拚命婉拒，他卻拚命以「為何不？」逼問。已晚上十點半了，我腦袋被他煩人的「為何不？」幾乎快逼瘋了，藉故疲累告辭。

「我送你到二樓房間，」他提議。

「不用，我可以自己走上去。」我拒絕。

「沒關係，我必須保護妳。」他一副英雄貌。

我有點啼笑皆非：「可是，就只是在二樓。」

拉拉扯扯，推推拒拒，終於將Ylber送走，自己一個人走回二樓睡大覺。

# 第18關

## 無事的培拉特

在旅館使用緩慢的網路接信，收到在科索沃普里斯汀納遇到的經濟學學生Astrit的信，當初因為被他人性騷擾而未赴約，我內心始終抱著歉疚。點取閱讀，沒想到卻是一封「求愛信」（內容充斥露骨的性暗示），關起信箱，那一股噁心感又湧然而上。原來，這世界並不如想像的如此簡單，目的性大過於你的負荷，相信只是想像，而不是真實。

我沒有車，無法到培拉特近郊，於是在培拉特鎮內開始晃晃，只參訪兩個景點：愛德華里爾畫廊（Edward Lear Art Gallery）和民族誌博物館（Ethnographic Museum）。愛德華里爾畫廊剛好放映中共與阿爾巴尼亞的外交關係影片，雖不懂阿爾巴尼亞語，我也就當作默片般的駐足觀賞，空蕩蕩的藝廊只有我一個人，藝廊人員似乎不習慣有人參觀，眼睛直盯著我瞄，當我離開時，他們馬上將大門鎖住，謝絕任何訪客，令我納悶難道這不是為大眾而展的藝廊嗎？民族誌博物館和克魯亞的民族誌博物館名稱相同，規模大同小異，不同的是有位導覽員全程英文解釋，不過她彷彿是背誦英文稿，逐字默唸，如欲詢問相關問題或是進一步的深談，她的英文能力並不敷使用。

奧蘇姆河右左岸分別是曼加連區與葛利卡區，房舍沿坡築蓋，我於曼加連區晃晃，一個家庭正在搬家，因為以石板路鋪成，層層疊疊，一石一瓦皆需以人力搬運，我伸頭探脖張望，一位二十來歲的小伙子邀請我入內參觀他們的新家，雖裝修中，已略有雛形，白漆粉刷，地板嵌以磁磚，內部日照明亮，他們正搬運著大門，避免多加打擾，我欠身告辭。

獨自一個人趴在欄杆靜看湍急河水，再五天就要回英國，不知旅行的目的為何？十幾天的走蕩，甚為倦怠茫然。

# 第19關

## 在薩蘭達喝醉了！

旅行的目的為何呢？今天我與Johnny、Bob的相遇，還有與Wayne的重逢，我漸漸釐清我的答案－旅遊就是為了瀏覽「人」，與不同地域的人互動，觀察他們的生活，才是吸引我持續往下一個國家邁進的動力。

八點從培拉特出發至阿爾巴尼亞著名的海港薩蘭達（Saranda），巴士搖搖晃晃直到下午才抵達，拖著行李尋找預定的民宿Hairy Lemon，此民宿雖距離車站遙遠，卻是可眺望海景夕陽的好所在。民宿主人是一個溫暖和煦的愛爾蘭女生。在馬其頓、科索沃與阿爾巴尼亞三個國家一定要提供護照才能入住旅館，當我主動繳交護照時，她微笑搖頭推拒道：「如果一個朋友來到你家，你會要求查驗護照

‧薩蘭達海景

嗎？」這幾天來，第一次覺得自己不是外來的闖入者，我喜歡上這個愛爾蘭女子，與她別緻的公寓房間。

薩蘭達是歐洲旅客夏季度假地，渡輪每天往來接駁希臘科孚島（Corfu），但我不喜歡度假勝地的海灘，到處充斥著廉價塑料海灘椅，吆喝小販氾濫，夏季更是裸肉身搏鬥場景，慶幸地，夏季度假節日已過，薩蘭達遊客疏疏落落，我沿著海岸行走，海與人工機械物勾織著詭異的平衡。

一個俊俏的阿爾巴尼亞男服務生站在餐館爽朗地用英文我打招呼，我微微一笑，他朝內部高喊，一名滿臉落腮鬍的白人衝出來，他的膚色不是南歐人，且操著一口流利的英文，頻頻邀請我進入餐館：「進來！進來！」他偉狀的身材與熱情的邀約，我想假使我不進去，他也會像捉小雞般地將我提進去。

他是愛爾蘭人Bob，餐廳內已經坐著一位英國佬Johnny，他正面無表情直盯著牆上電視螢幕的足球賽事。Bob已在阿爾巴尼亞待了四年，他一邊熱情的和我閒話家常，一邊叼著菸吞雲吐霧，一口接著一口地喝啤酒。此時另一位白人走進餐館，竟然是我在地拉那遇到的美國佬Wayne，如此的巧遇令人驚訝，他拉開椅子坐下跟Bob說：「這就是我跟你提過在地拉那遇到的臺灣女孩！」

Bob回答：「當我看到她時，我就在猜想這是不是你在地拉那遇到的臺灣女孩？所以我拚命邀她進來。」

原來每個旅人都述說其他旅人的故事。

一旁原本靜默不語的Johnny突然轉頭問我：「你喜歡性交嗎？」

不待我回答，他又問：「你享受高潮（orgasm）嗎？」

「假如你從未有過，我可以現在在這桌上給你畢生最好的高潮。」Jonny直視著我說。

這幾個問題的確讓我有點窘迫，面對三位年紀加起來超過一百八十歲的老男人，我該如何回答呢？我沒有感覺到Johnny的惡意騷擾，只是覺得他似乎想要激怒他人，找到一個宣洩的出口，發洩他的情緒，是什麼樣的原因讓他這樣呢？我的好奇心大過我的尷尬，保持鎮定與微笑，我搖搖頭假裝表示不懂orgasm的意思，甚至作勢拿出電子字典查詢。但Johnny不放棄，依然想辦法要激怒我。他不斷詢問我淫猥的問題，我也只笑笑地四兩撥千金的打太極拳。他其實是沒有惡意地，因為當Bob離桌至洗手間，獨剩我和Johnny時，Johnny一改之前齷齪的問題，變臉正經問我旅遊的經歷，可是當Bob一回來，他又回復到裝瘋賣傻，愛惹事激怒他人的老頭模樣。據說之前有名澳洲女子被Jonnny問得負氣離開，而保守派的Wayne受不了瘋狂的Jonny，早已棄座離席。

Jonny狡黠的雙眼盯著我瞧，窮追不捨的追問：「你的乳頭尺寸是多少呢？」

「我不知道，因為我從來沒有測量過！」有別於一般人會氣窘的反應，我認真地回答他。

Jonny愣了一秒，詫異這不按牌理出牌的答案，他牽引我的右手吻一下，再將他的額頭貼近我的手，臣服於我的答案與氣定神閒的態度，著實拿我沒轍。

顯然Jonny舉白旗休兵，在旁的Bob娓娓道來Jonny的困擾與他的脾氣：「Jonny在阿爾巴尼亞待了十四年，陸陸續續往返英國與阿爾巴尼亞，在英國，有一名英國女子多年等待他，對Jonny下最後通牒，要他長期停留英國。然而在薩蘭達，Jonny卻另與一名阿爾巴尼亞女子同眠，兩人還有一個兩歲的小女兒。」

「假如你是我，你會怎麼做？」Jonny眉頭皺摺認真問我。

「你還愛那位阿爾巴尼亞女子嗎？」身為女人的我，愛與不愛是最重要的問題。

他抽了一口菸，道「曾經愛過！」有多少的曾經鑄成現今的煩惱。

「那麼你現在愛誰呢？」我追問。

「英國的女人在等我，但我不能離開只有兩歲的女兒。」迴避愛與不愛的問題，他眼神黯淡地搖搖頭，灌了一口啤酒，叼著菸，目光重回到足球賽事。

假如我是他，也許一開始我就不會陷入這個局面，就因為我不是他，我也無力提供答案解開現今的僵局。

Wayne背後亦有一段故事，愛爾蘭佬Bob灌了一口酒說：「Wayne於越戰時在越南擔任外交人員，與一名越南女子發生婚外情，美軍撤退後，他也一人孤身回到美國，重返美國的妻子與家庭。直到去年，他再次踏上越南的土地，尋尋覓覓數十年前的舊情人，四個月後，他如願找到昔日情人，不過也意外發現他有一位從未謀面的三十歲兒子與二位孫女！」

故事戛然而止，我沒有追問，大時代下翻騰太多太多分合離別兒女情長的惆悵情節，電影《戀戀三季》（Three Seasons）的美國人苦尋他與越南情人的女兒，找到後又能做些什麼呢？又能彌補什麼呢？

這三位老人中，就屬Bob最多話，但對他自己卻浮光掠影的帶過，這一位六十幾歲的愛爾蘭人，已經遊歷七十三個國家，年輕時曾參加愛爾蘭共和軍（Irish Republican Armies）[1]，他稱自己是「過去的恐怖份子」。這位「過

[1] 1919年成立，從早期爭取愛爾蘭獨立至後期謀求北愛爾蘭脫離英國的武力組織，曾

去的恐怖份子」邀請我晚上至阿爾巴尼亞人Bani經營的小吃店喝酒，我有點猶疑，Bob看出我的擔憂，他保證我的安全無虞，他有六個女兒，他會視我如女兒般的保護，我將會是他第七個女兒，一名來自臺灣的女兒。他的保證使我欣然同意前往喝酒。

Bani的小店只有六、七張桌子，在座都是對英文一竅不通的阿爾巴尼亞歐吉桑，沒有任何的女子，他們用友善的眼神打量我，整店充斥著類似臺灣啤酒屋的氣氛，我和老闆Bani與愛爾蘭佬Bob圍在一桌，一瓶瓶的阿爾巴尼亞科爾察啤酒（Korça）[2]和自釀的拉克酒，配上一盤盤的油炸花枝下酒菜，我與他們玩多米諾骨牌（Domino）排列點數，後來一名通英文的阿爾巴尼亞畫家加入我們，Bob稱讚他可模仿任何名畫，我卻感覺畫家的眼神不斷在我身上流連。

我被灌了一杯又一杯的酒，我醉了！醉眼酒酣茫茫，開始傻傻地笑。Bob也醉了，他不斷重複說：「怡君，你是世界上最安全的女孩！你是世界上最安全的女孩！你是世界上最安全的女孩……世界上最安全的女孩！」

假如我再不自制，我不知道會發生什麼事，我用殘餘的理智，告訴Bob我要回去旅館了。Bob履行保護我的承諾，陪同我回旅館。傍晚十點，走在薩蘭達的小道，薄醉微醺，步伐零碎，走路踉蹌。酒酣的Bob拉開大嗓門：「怡君，你是瘋狂的女孩！你是瘋狂的女孩！妳知道的，這是一種讚美！」落腮鬍掩蓋不住其滿把通紅酒色。

我保持著傻傻的笑容與醉意，避開路上危險的坑坑洞洞（阿爾巴尼亞的道路出產大量可以裝下一個成人的大坑洞），終於將自己的身體拖到民宿樓下，Bob給我一個結實的大擁抱道別，我知道今天「我是世界上最安全的女孩！」

---

在英國發動數起爆炸攻擊事件。

[2] 由阿爾巴尼亞的啤酒公司所製造，此公司成立於東南方城市科爾察（Korça），故稱科爾察啤酒。

# 第20關

・布特林特遺址

## 寧謐的布特林特

一早前往公車站，準備前往南方著名遺址布特林特（Butrint），路途上巧遇Bob，Bob又強拉我進咖啡館。

「還記得今天晚上Bani要請你吃晚餐？」Bob詢問我。

敲敲宿醉的腦袋瓜，昨晚Bani的晚餐邀約隱約浮現，我點點頭。

Bob將我這外地人視如女兒的保護，護送我上車，還叮嚀一個羅姆小孩陪伴我同車至布特林特。

布特林特遺址年代涵蓋希臘化時代至鄂圖曼土耳其帝國時期，包含劇院、沐浴池、洗禮堂、衛城與大門等舊跡。炎赤的陽光經樹影婆娑篩濾斑駁陰影，順著小徑順行，不想計較這些斷垣殘壁的遺址年代，不想採用任何歷史分析理解，我只想好好坐下，聽著微風窸窣絮語，或輕快踨拾石階而行，或停步細看斑駁石牆柱彩繪刻痕。旅行總是一個地點轉到另一個地點，心靈呈現飽和的狀態，十幾天來，唯有此地，讓我享受一隅的寧靜。

一位中年男子在湖邊垂釣，我靜靜地坐在他旁邊，沒有阿爾巴尼亞吵雜的音樂與多餘的注視，更沒有絮聒的言語，就只有我和他，我獲得這幾天最感到平靜的時刻。（我法國友人在臺灣也有類似的經驗，在宜蘭的某鄉間，他走進一家理髮店，老師傅沒有多問一句話，靜靜地拿起理髮工具為他修剪，兩人寧靜地度過午後的片刻。）

一位中年男子在湖邊垂釣

一間博物館建立於衛城（acropolis）遺址上，館內收藏從遺址挖掘出的考古物品，館內只有一名在博物館內監管兼賣書的男孩，我笑笑地詢問是否有販售英文的資料，本來板著面孔的他，轉而熱情地與我聊天，他從小隨同母親挖掘布特林特遺址，六年來，他挖掘出一枚戒指，在發現一剎那，他還將戒指套進手指試戴，此戒指目前正是成列在館內的八號考古物。

在博物館外，我又巧遇培拉特的英國老人旅遊團幾位團員，他們正準備戶外午餐的食材，我心中警鈴嗚嗚作響，該不會又遇到多話到堪稱騷擾的阿爾巴尼亞導遊Ylber吧？果不其然，當我在大門口的書攤翻閱時，一個人影晃閃到我面前，正是Ylber是也！他已經在大門口守株待兔，一見到我，就一飛煙的衝過來，又開始糾纏要我今晚與他共進晚餐，我告知他：「我已和當地人有約了。」

他質問我：「誰是當地人？」

他沒有權利用嫉妒的口吻跟我說話，我也不喜他用審視的眼神打量我，我打哈哈：「當地人當然是阿爾巴尼亞人啊！」

他不死心，一路糾纏我到大門等公車處，他比黏在膠質底部球鞋的口香糖還難刷洗乾淨，連剝帶拔，還依然藕斷絲連，慶幸地門口有一位他的朋友與他打招呼，避免場面拉拉扯扯難看，他才摸摸鼻子離開。

回程薩蘭達的途中，我臨時起意下車，想欣賞薩米利（Ksamili）的海景，但已不是夏季旅遊旺季，有幸我看到阿爾巴尼亞惡名昭彰的碉堡（bunkers），阿爾巴尼亞在霍查掌政時期，成群的碉堡置放於陸上邊界和海灣，總共有七十多萬個，隔絕與外界任何接觸的機會。鐵幕卸下後，大部分的碉堡已拆遷損毀，殘留碉堡成為軍事控管的過往憑證，許多被彩繪塗鴉，散落在海邊、田野間，腦筋動得快的商人，則將碉堡改為咖啡店、民宿等。

阿爾巴尼亞南部海岸滲透著太陽焦慮的熱意，勉強找塊樹蔭，等著回薩蘭達的公車，有一名男子停下車，邀我上車，太陽的炙熱早已燒昏我理性的腦袋，我又一股腦一屁股坐上車

薩米利的海景

昔日的碉堡

（這是我此行第三次搭便車，一次在馬其頓、二次由蒙地內哥羅「遣返」科索沃），雖然在路途上，他一直邀我喝咖啡，若非身為女性之安全顧慮，大可前往喝杯咖啡，對阿爾巴尼亞人來說，邀請外地客喝咖啡是熱情友善的表現，其實不需多想。

回到Hairy Lemon民宿，愛爾蘭女主人以一貫溫柔的口氣與我道家常，我協助她使用flickr搜尋阿爾巴尼亞照片。是怎樣的決心讓一名愛爾蘭女子獨身在阿爾巴尼亞開設民宿？背後是怎樣的故事讓人選擇或者不得選擇離鄉至外地定居呢？

晚上，我至Bani的餐館用餐，Bani用現撈的魚油滾炸，我在旁觀賞大廚的廚藝，再與Bob大啖鮮魚。今晚的小店播放1972年阿爾巴尼亞出品的電影《長夜之星》（Yjet e netëve të gjata/Stars of Long Nights），一部阿爾巴尼亞人對抗法西斯侵略的故事。一群中年阿爾巴尼亞男子圍著電視，據說這部電影已經在這家小店播放幾百遍了，每人都將臺詞倒背如流，在戲謔之處，他們依然哈哈大笑。很難相信，在四、五十歲中年男子身上，看到如此稚氣純真的笑容。

昨天那位畫家又走進來，搬了一張椅子就坐在我旁邊，我又再次感覺到他的眼神在我身上徘徊，Bob鼓吹我去參觀畫家擺在薩蘭達各地的咖啡館的畫，畫家當然義不容辭的當作我的導覽。他的畫作甚為平淡無奇，既無原創性，又無技巧性。走在回Bani咖啡館的暗巷，畫家開口：「妳結婚了嗎？還是有人在臺灣等妳呢？」

我不懂他問這些問題的目的，所以開始加緊腳步。

畫家又逼問：「為什麼你在跑嗎？」

「嗯……我不是在跑，我只是走比較快！」我不知所云的亂答，然後一溜煙衝回Bani小店。畫家悻悻然的表情，逼我今晚不敢久留，婉拒Bani和Bob對我的挽留，堅持早點回到民宿，不過他們亦堅持我明早搭公車離開前，一定要至小店一趟喝杯咖啡。

Bob再次送我回到民宿，臨別再一次給我結實的擁抱，也許薩蘭達的景色會隨著年歲在我記憶中漸漸黯淡，但我會永難忘懷在海邊小店與他們舉酒乾杯的酣快盡興！

# 第21關

# 吉諾卡斯特的監獄

早上七點就到Bani的餐館喝咖啡，他們不變地笑容熱情招待，Bob堅持護送我到公車站。在公車站旁，一群群阿爾巴尼亞青壯年在街頭駐足，看似無所事事，Bob解釋這些人是在等待打零工的機會，有時呆站好幾天也毫無收穫。Bob另介紹我一名祕密匯兌商，他開展外套，口袋、暗袋及夾層皆塞滿歐元。車站是最易認識社會百態的觀察站，車站一隅隱約浮透阿爾巴尼亞的經濟問題，高失業率造成大量的非法移民至鄰國，金融不穩定造成歐元在黑市流竄。

臨別之際，Bob再一次給我結實的擁抱，這個擁抱讓我幾乎不能呼吸。旅人總是不斷地在說再見，卻無人能確認是否真有再次見面的機會，旅人本以敏感的心態，體驗週遭的點點滴滴，可是在離開時，卻只能關起易波動的情感，將自己抽離那一聲聲再見的本質。

八點半出發，約莫一小時就到達吉諾卡斯特（Gjirokastra），吉諾卡斯特如同其他小鎮，以其碉堡、古老的市集聞名，然此處的碉堡和克魯亞、培拉特不同，內部無住家，成立博物

・吉諾卡斯特之景致

・原本關閉政治犯的囚房

館與成為夏季舉辦活動的場地。此小鎮出產阿爾巴尼亞兩大名人：第一位是前共產領導人霍查，他在吉諾卡斯特的出生地已改建為民族誌博物館，不過館內無溯及其與霍查的關係。另外一位則是在西方世界享負盛名的作家伊斯邁．卡達雷（Ismail Kadare），他的作品繁多，以對阿爾巴尼亞社會生活的反思最為著稱，然而當共黨垮台，阿爾巴尼亞陷入水深火熱的政治、社會、經濟等問題，卡達雷卻攜家帶眷前往法國尋求政治庇護，其避居法國的行為是否合宜，成為阿爾巴尼亞爭議性的公案。

此處倒有一間值得一覽的前監獄，此間監獄由阿爾巴尼亞國王佐格一世（King Zog）[1] 為關閉其政敵所建，經歷納粹佔領與共產黨統治時期。此處之所以值得一遊在於其冷冽孤悚的風格，沒有其他遊客，當一人孤零零踏步在走道，聽著空蕩的囚間傳著喀喀腳步聲迴響，一間間狹小緊密的囚房，慘白牆壁褪色地紅字書寫，積水不散，令人不寒而慄，走道迴廊的盡頭，還有陰暗的囚刑室。懷疑一回頭，就有嘴角留著鮮血，眼球突出，臉爆青筋的受

[1] 阿爾巴尼亞近代史上，極具爭議性人物，原本是北部部族首領，在阿爾巴尼亞獨立初的混亂時期掌權，陸續成為總理、總統，甚至自行加冕為國王，他帶領阿爾巴尼亞走向現代化，但也因過於倚重義大利，使阿爾巴尼亞淪為義大利的次殖民地，當墨索里尼法西斯政權進入阿爾巴尼亞後，佐格一世流往海外二十二年，直到其生命終了！

・傑卡特大屋內的交誼廳

刑人一蹶一拐走向我……

逃離監獄，前往阿爾巴尼亞傳統鄂圖曼式豪宅傑卡特大屋（Zekate House），由於沒有路標，只能以豪宅為目標，取直徑往上走，怎知大門深鎖。我敲敲緊鄰的住宅，一名老者跑出來，我比一比傑卡特大屋，他又跑進屋拿出一串以巴黎鐵塔為鑰匙圈的鑰匙遞給我，非常態的觀光景點往往以意想不到的方式「迎接」遊客。我彷彿是屋主，獨自拿著鑰匙開門打開深宅內院，空蕩蕩的豪華古宅，浮盪著曾經滄海的懸浮粒子，遠山與之相望，彩繪花草壁畫裝點迎賓室，白色布簾垂掛，景物依舊在，然處處惹塵埃。

出了大宅，歸還鑰匙，捐獻一歐元給坐在宅院乘涼的老奶奶，順著山坡走下。在小鎮逛逛，我買了手工果醬，兩名男子和我招招手，邀我入座，我與他們坐在露天的咖啡座，其中一名男子是此咖啡店的老闆，他請我喝了一杯檸檬紅茶，另外一名則是已旅居美國十二年的阿爾巴尼亞男子。從共產主義出走到資本主義大本營的人總混合特殊的氣質，真正經歷共產主義的人透露老氣橫秋的滄桑，兩位男子嘴角帶著對資本主義的嘲諷，與共產主義理想不符現實的無奈。據聞阿爾巴尼亞在共產統治時期，有一百萬人失蹤，他們嘲弄共產主義和美國一樣「總是搞砸事情」（always do the wrong thing），這世界上是「主義」在教導人，還是人在創造「主義」，讓自己一遍遍地被形塑成非自然人呢？

揮揮手，感謝他們的招待，也婉拒他們開車載我四處逛的邀請，回到旅館。

# 第22關 最後一站：科爾察

七點搭巴士至阿爾巴尼亞東南方科爾察（Korça），從吉諾卡斯特到科爾察的直線距離不遠，但沿途盡是陡峭的山路，彎彎折折，攀爬一個個的山頭，許多乘客禁不起折騰，一臉暈眩，坐在我前座微胖的阿爾巴尼亞男子，甚至嘔吐地滿地皆是。中途有停站休憩用餐，我依樣畫葫蘆點選鄰座同樣的菜色，巴士鄰座中年男子雖然不同桌，卻將我的帳先付清，為了感謝他，我購買一瓶雪碧送給他，當地人對旅人的好意，總讓我這過路客銘感在心。

到達科爾察已經下午兩點，馬上前往他們的傳統市集，一開始小販個個瞪視打量著我，當我拿起相機，每一個原本板著臉孔的人，頓時笑開了臉，以最喜悅的笑容入鏡，熱切地招待我他們販賣的水果或贈送我數顆核桃。

本欲按圖索驥，環繞小鎮一圈，怎知才在新式東正教教堂取景拍照，天空霎時陰雲密布，傾盆大雨突地直下，即使打傘也擋不住雨束的噴打，所有博物館又大門深鎖，不得其門而入，拖著溼透的身體，衝到一家

・科爾察傳統市集小販

・新式東正教教堂

網咖，在全室男性的注視下（阿爾巴尼亞許多公共場所常常都聚集成年男子），狼狽地借用一台電腦。一時之間，雨似乎難以停止。

旅行到最後，已經不在乎瀏覽多少景點，而是漸漸生活在旅行中，不急不徐地將自己置身於當地環境。長途的搭車、無目的的遊走，或是啥都不做，旅行就是生活，人就是這樣一點點的成長與消逝……

# 第23關 Goodbye 阿爾巴尼亞

今天就要搭乘巴士離開阿爾巴尼亞，趁著早上還有點時間，在科爾察晃晃，遇到兩名義大利人向我問路中世紀國家藝術博物館（National Museum of Medieval Art）。也許遊客比當地人更為熟悉旅遊景點，他們才找一個東方面孔的人詢問吧！我也就隨後前往此博物館。博物館收藏大量可觀聖像畫，涵蓋十三世紀至十九世紀，只見兩位義大利人細細檢視，交頭接耳評論，開館的小姐操著義大利文講解。在共產黨當政時期，唯一接收外界的管道就是用無線收看鄰國義大利的節目。因此許多阿爾巴尼亞人通曉義大利文。

突然一名年輕人衝進來要求收票，問我：「你從哪裡來？」

我說：「我從臺灣來。」沒想到收票的年輕男子直衝著我張嘴咧笑。

「為什麼你一直笑？」他的刺眼笑容讓我忍不住詢問。

「這是我第一次遇到從臺灣來的人。」這個答案無法說服我，我想如他有幸遇到火星人才需要這麼開心吧！

終於要離開阿爾巴尼亞了，背著行李，十點半搭乘往希臘的巴士，十一點十分到達邊界，約莫十二點順利出阿爾巴尼亞邊界，車子緩緩向前駛，隔著窗戶我回頭望，坐在我鄰旁的大叔揮揮他的手，透過窗戶示意幫我道別：「Goodbye Albania!」

出阿爾巴尼亞海關容易，進希臘卻是漫長的等待。希臘是歐盟邊境國家，一方面對出入境有首當把關之責，另一方面希臘長期與鄰近非歐盟國家政治交惡，入境管制嚴厲，堆放在巴士上的行李一件件拿下，一字排開，每人認領後再一一步行通過海關，非常像入獄前的檢查，只差沒有更衣檢視。直到一點二十分，終於通過海關，阿爾巴尼亞隨車人員將每個人的護照一一發還，我興沖沖地翻開護照找尋好不容易蒐集而來的入境印章，咦！怎麼沒有呢？巴士已經離開海關，我看鄰座阿爾巴尼亞的護照，每個人都已經蓋了入境希臘的關印。巴士每個阿爾巴尼亞人七嘴八舌的討論為何我沒有拿到入境章，對他們來說，歐洲人的護照（此處不包含非歐盟國）是通行世界的保證，不需簽證、不需蓋印，當他見我的護照沒有入境章時，簡單地將我歸類歐洲霸權的一方，隨車人員看了我的護照，說：「真好！」可是他們不知道，持有臺灣護照也是問題重重，這個闕如的關印也成為我明天在希臘被刁難的肇因之一。

傍晚重返希臘薩洛尼卡，再也沒有人對我行注目禮或投以好奇的眼光，看到象徵資本主義的星巴克咖啡館，人群熙熙攘攘在商店街嘻笑歡鬧，我知道我又回到我熟悉的世界了！整個人有錯置的昏眩，我不知我是背對著夜晚，走向陽光，或只是曾經一團糊塗地暫時抽離這陌生的軀殼呢？

# 巴爾幹遊後記

持有臺灣護照，除了進出許多國家需簽證外，還會引起一些不懂臺灣國際情勢的海關人員刁難。在希臘薩洛尼卡機場遞交護照，準備從希臘飛回英國，眼前古銅色希臘女性海關人員瞪凸雙瞳，一側眉挑起，開始用起靈敏的鼻子打量時，我心中的警鈴嗚嗚作響。

她緩緩地翻著護照，利眼一頁頁掃描，然後開始扳起指頭，一指一指掐拈算數。「你九月十七日到希臘？」不等我回答又接著說：「你的申根簽證只能停留申根國二十天，今天十月十日，已經超過二十天了」

「對，可是九月十七日當天我就離開希臘，去馬其頓、科索沃和阿爾巴尼亞，這些都是非適用申根簽證的國家，昨天我才返回希臘，所以真正停留在希臘的時間只有三天，沒有超過二十天。」

她惡狠狠的瞪我一眼：「我告訴你！這裡就是馬其頓，你沒有去馬其頓，這裡就是馬其頓。」我的直述卻扎扎實實採到希臘人的地雷。

馬其頓與希臘的糾葛遠可追溯至古典希臘時期，近十幾年「馬其頓」此名稱更是希臘與馬其頓紛爭的源頭[1]。1991年馬其頓共和國宣告獨立，希臘馬上強烈反對馬其頓斯拉夫族群使用「馬其頓」為國名，申明「馬其頓」早於上古時期就已被希臘所用，希臘內部已有「馬其頓省」，「馬其頓共和國」盜用「馬其頓」一詞是鼓動希臘境內馬其頓族的認同問題，更是直指其叛動的潛在性。以斯拉夫裔為大宗的馬其頓共和國反駁，斯拉夫裔民族至六世紀已逐步

---

[1] 希臘與馬其頓之間的紛擾，詳見第三關。

深根馬其頓地區，使用「馬其頓」早以行之數百年，何來盜用之說？「馬其頓」名稱爭議在二十一世紀持續沸騰，許多希臘人以馬其頓內部的地名指稱馬其頓，避談「馬其頓共和國」一詞，並進一步全盤否定存在希臘的馬其頓族人口。

這位海關小姐顯然就是反馬其頓共和國的擁護者，「你九月出境希臘的章呢？」她將護照丟給我。

我翻開護照至馬其頓簽證那頁，說：「在『馬其頓』的簽證上。」

不到0.00001秒，她馬上歇斯底里地咆哮：「這裡就是馬其頓，你沒有去馬其頓，你聽到沒有？這裡就是馬其頓！你是去史高比耶，不是去馬其頓，這裡就是馬其頓！」

她恨恨地瞪視我，又問：「為什麼沒有入境希臘的章呢？」

「昨天從阿爾巴尼亞入境時，希臘邊境沒有幫我蓋章。」我動輒得咎，希臘和鄰國不交好，處處會觸到她的痛穴。

「妳跟我來！」她翹著她的下巴，一副好不容易抓到我小辮子的神氣樣，拿起我的護照，命令我跟她到鄰旁機場海關警察辦公室。

一進海關警察辦公室，三三兩兩著制服的人員或坐或站的閒聊，她嘰哩咕嚕地向坐在進門辦工桌的後方的男性主管或值班人員告狀，中間還不時斜眼瞄我。

男性警官向我查證我此行每個國家的停留天數，我重述：「我從英國飛至希臘，然後去馬其……」我話語未畢，那位瘋狂的海關酷斯拉小姐開始噴火：「我跟你提多少次，這裡就是**馬其頓**，這裡就是**馬其頓**，這裡就是**馬其頓**，這裡就是**馬其頓**，這裡，就是**馬其頓**！」她的戲劇性的魔音穿腦迴盪整個辦公室，然後她再一臉無法忍受我似地甩門掉頭離去。

辦公室所有人被酷斯拉小姐的魔音拉引，她的離去造成所有注意焦點放到我身上，男性警官一臉饒富趣味的問我：「你從哪裡來？」

「臺灣。」我回答。

「難怪！」他點點頭表示理解，當年臺灣和馬其頓建交與斷交是轟動巴爾幹的捭闔縱橫外交角力事件。

他翻翻我的護照，微笑說：「你在英國讀書？這裡可不是英國！」這句話背後的意涵是什麼呢？這裡是希臘，不是英國，難道是非就可以顛倒嗎？還是告訴我，希臘不是包容性的國家，他們習慣打擊邊緣國家，他們有權合法傲慢的對待我，正如他們對待鄰國馬其頓、阿爾巴尼亞嗎？

「如果沒有蓋入境章，是要罰六百歐元。」他意味深長的提出警告。

「這又不是我的錯，你們希臘邊境沒有蓋章，為什麼我要被罰六百歐。」邊境嚴密的審查方式，整車的護照一起盤收、繳還，巴士離開邊境後，我才拿到護照，我為什麼需要遭受無妄之災。

「不過，我可以破例，讓你不用繳交罰款。」那施惠與人的口吻，讓我一句謝謝也說不出來。他蓋了十月十日離境希臘的章，再用原子筆在下方寫下十月九日入境希臘的標示。

我憤憤地拿走我的護照離開辦公室，再次經過那位海關酷斯拉小姐，她頭也不抬，反正我也不想看她的嘴臉，我就拿著護照直接通過海關。

短短停留希臘的兩天，頭尾兩天都讓我體驗到希臘的「民族風情」。第一就是罷工。第二就是身為歐盟國家的傲慢。愛琴海白底藍頂屋的蔚蔚風情離我很遙遠，無幸膜拜希臘的古典文明，無福掬取地中海的蔚藍。前頁兩張照片，分別攝於在馬其頓與阿爾巴尼亞，也代表我的心境……

釀旅人31 PE0120

# 一個女生走看巴爾幹

## ——馬其頓、科索沃、阿爾巴尼亞

作　　者　劉怡君
責任編輯　盧羿珊
圖文排版　楊家齊
封面設計　蔡瑋筠

出版策劃　釀出版
製作發行　秀威資訊科技股份有限公司
114 台北市內湖區瑞光路76巷65號1樓
電話：+886-2-2796-3638　傳真：+886-2-2796-1377
服務信箱：service@showwe.com.tw
http://www.showwe.com.tw
郵政劃撥　19563868　戶名：秀威資訊科技股份有限公司
展售門市　國家書店【松江門市】
104 台北市中山區松江路209號1樓
電話：+886-2-2518-0207　傳真：+886-2-2518-0778
網路訂購　秀威網路書店：http://www.bodbooks.com.tw
國家網路書店：http://www.govbooks.com.tw
法律顧問　毛國樑　律師
總 經 銷　聯合發行股份有限公司
231新北市新店區寶橋路235巷6弄6號4F
電話：+886-2-2917-8022　傳真：+886-2-2915-6275

出版日期　2017年5月　BOD一版
定　　價　250元



**Printed in Taiwan**

國家圖書館出版品預行編目

一個女生走看巴爾幹：馬其頓、科索沃、阿爾巴尼亞 / 劉怡君著. -- 一版. -- 臺北市：釀出版, 2017.05

面；　公分. -- (釀旅人；31)

BOD版

ISBN 978-986-445-197-5(平裝)

1. 遊記　2. 巴爾幹半島

749.09　　106004730

# 讀者回函卡

感謝您購買本書，為提升服務品質，請填妥以下資料，將讀者回函卡直接寄回或傳真本公司，收到您的寶貴意見後，我們會收藏記錄及檢討，謝謝！

如您需要了解本公司最新出版書目、購書優惠或企劃活動，歡迎您上網查詢或下載相關資料：http:// www.showwe.com.tw

您購買的書名：______________________________

出生日期：________年________月________日

學歷：□高中（含）以下　□大專　□研究所（含）以上

職業：□製造業　□金融業　□資訊業　□軍警　□傳播業　□自由業

□服務業　□公務員　□教職　□學生　□家管　□其它_____

購書地點：□網路書店　□實體書店　□書展　□郵購　□贈閱　□其他

您從何得知本書的消息？

□網路書店　□實體書店　□網路搜尋　□電子報　□書訊　□雜誌

□傳播媒體　□親友推薦　□網站推薦　□部落格　□其他__________

您對本書的評價：（請填代號　1.非常滿意　2.滿意　3.尚可　4.再改進）

封面設計____　版面編排____　內容____　文／譯筆____　價格____

讀完書後您覺得：

□很有收穫　□有收穫　□收穫不多　□沒收穫

對我們的建議：______________________________

________________________________________

________________________________________

________________________________________

請貼
郵票

11466
台北市內湖區瑞光路 76 巷 65 號 1 樓
**秀威資訊科技股份有限公司** 收
BOD 數位出版事業部

（請沿線對折寄回，謝謝！）

姓　　名：＿＿＿＿＿＿＿＿　年齡：＿＿＿＿　性別：□女　□男

郵遞區號：□□□□□

地　　址：＿＿＿＿＿＿＿＿＿＿＿＿＿＿＿＿

聯絡電話：（日）＿＿＿＿＿＿＿＿（夜）＿＿＿＿＿＿＿＿

E-mail：＿＿＿＿＿＿＿＿＿＿＿＿＿＿＿＿